LE LANGAGE DU CHIEN

Valeria Rossi

LE LANGAGE DU CHIEN

De Vecchi

Conception graphique de la couverture : Yes
Photos de couverture: © Philippe Rocher et © CEF/Getty Images
Dessins de l'intérieur : A. Marengoni
Photos : archives De Vecchi sauf p. 9 (haut), p. 17 (haut), p. 17 (bas), p. 101 et p. 129 © FRANCAIS/ARIOKO ; p. 9 (bas), p. 76 (bas) et p. 137 © ROCHER/ARIOKO ; p. 21 © GEHLHAR/ARIOKO ; p. 25, p. 46 (haut), p. 83, p. 85 (haut), p. 102 et p. 136 © DAMMAN/ARIOKO ; p. 33, p. 54, p. 80, p. 96 et p. 132© LABAT/ROUQUETTE/ARIOKO ; p. 76 (haut) et p. 103 © LANCEAU/ARIOKO
Traduction : Cécile Breffort

INTRODUCTION

« Dieu créa l'homme puis,
le voyant si faible,
lui fit don du chien »
TOUSSENEL

« Mon chien est fantastique, très intelligent... il ne lui manque que la parole ! » Mais qui a dit cela ? Cette célèbre phrase toute faite renferme l'erreur fondamentale de la cynophilie : elle pèche en effet par anthropomorphisme, ce qui revient à considérer le chien comme s'il s'agissait d'un homme et à lui attribuer des sentiments humains.

Certes, le chien ne parle pas notre langage, mais en réalité il ne lui manque absolument rien.

La parole, il l'a, car il s'avère parfaitement capable de communiquer ! Simplement il parle « sa » langue, et c'est à nous – les êtres supérieurs, si je ne m'abuse... – de le comprendre, ce qui se produit très rarement.

Après dix mille ans de vie commune, 90 % des propriétaires de chiens ont compris que leur compagnon à quatre pattes remue la queue quand il est content (mais ce n'est pas toujours le cas), grogne lorsqu'il est en colère et fait *kaï-kaï !* quand il a mal.

Certains ont même découvert qu'un chien mortifié couche ses oreilles et baisse sa queue... mais en pensant généralement que l'animal « a honte » d'avoir commis une « méchanceté » à notre égard (encore un réflexe d'anthropomorphisme, très éloigné du véritable mode de raisonnement du chien).

De l'autre côté de la barrière, 90 % des chiens comprennent une trentaine de mots humains et de cinq à dix phrases complètes. Par ailleurs, ils sautent de joie quand leur maître est content, vont poser leur museau sur ses genoux lorsqu'il est triste ou malade, et s'éclipsent en silence s'il a besoin de rester seul (tout cela sans que l'homme prenne la peine de prononcer une seule syllabe).

Quand le maître enfile son manteau, la plupart des chiens se tiennent déjà devant la porte car ils savent qu'il est l'heure de sortir. Et quand le chien leur touche le bras avec son museau, la plupart des maîtres se demandent : « Que veut-il ? A-t-il faim, soif, envie de faire pipi ? »

Le chien « parle », et même beaucoup : il s'exprime par des mimiques faciales, des attitudes corporelles, des mouvements de la queue, par les yeux, mais aussi par la voix, dont il ne se sert cependant que dans des circonstances exceptionnelles, car l'expression orale constitue pour lui l'ultime recours et équivaut un peu à notre façon de hurler pour nous faire comprendre, faute d'y parvenir en parlant normalement.

Telle est la raison pour laquelle les canidés sauvages aboient rarement avec excès : ils n'en ont généralement pas besoin, car ils vivent avec leurs semblables et réussissent à s'expliquer parfaitement grâce au langage du corps.

Contraint de vivre avec « l'être supérieur », le chien doit au contraire beaucoup aboyer. Pourquoi ? Simplement parce que le fameux être supérieur est un terrible cabochard !

Heureusement, les hommes ne sont pas tous les mêmes : certains ont réalisé que le chien nous devançait largement sur la voie de la compréhension réciproque et – par amour ou par orgueil – ont décidé de se placer sur un pied d'égalité.

Il existe néanmoins des limites : l'homme ne jouit pas d'un odorat capable de percevoir les changements d'humeur uniquement en sentant « émerger » les composants chimiques qui les régissent ; il ne possède pas non plus une faculté d'observation et d'attention suffisamment pro-

noncée pour lui permettre de déceler et d'interpréter correctement le moindre geste.
Mais pour peu qu'il s'en donne la peine, l'homme parvient lui aussi à comprendre quelque chose. Ces dernières années, surtout, depuis que le chien est devenu une partie intégrante d'innombrables familles humaines, des hommes ont réussi à l'étudier avec une attention soutenue et à tirer quelques conclusions importantes.
Aujourd'hui, le langage du chien n'est plus complètement inconnu et ses règles de base, au moins, ont été dévoilées : malheureusement, tout le monde ne le sait pas.
Certains ne « veulent » pas le savoir : les behaviouristes, par exemple, envisagent le chien comme un animal programmé par la nature pour répondre aux stimuli grâce au fameux instinct, sans aucun raisonnement.
Il y a par ailleurs ceux qui ne voient vraiment pas plus loin que le bout de leur nez et qui le considèrent « juste comme un chien », sans se demander pourquoi il se comporte ou agit de telle ou telle manière. Pour eux, le chien a autant de sentiments et d'intelligence qu'un bibelot, et ils rejettent l'idée qu'il puisse « raisonner ».
Ces personnes n'achèteront probablement jamais mon livre, mais s'il leur arrivait de le lire par erreur, je leur souhaite de ne jamais être enlevées par un ovni occupé par des entités pensant comme eux. En effet, s'il fallait prendre automatiquement pour une « bête » quiconque est constitué ou parle différemment... ces personnes risqueraient d'avoir de mauvaises surprises !
Plaisanterie mise à part, l'attitude mentale de « l'être supérieur » s'avère toujours dangereuse : avec cette forme d'esprit, on ne se donne jamais la peine de comprendre l'autre, tout au plus cherche-t-on à l'écraser. Et l'on voit ainsi des propriétaires de chiens sachant seulement hurler et lever la main pour tenter de se faire obéir, comme ils le feraient vraisemblablement en famille ou dans la société dite civile.
J'estime personnellement que le véritable être « supérieur » est celui qui s'efforce de comprendre, de s'identifier, de se comparer à autrui. L'ignorer ou chercher à avoir le dessus dénote un esprit borné.
Partant de cette conviction et avec la présomption de ne pas avoir un esprit borné, je me suis toujours employée durant toutes ces années de vie cynophile à comprendre le chien, à découvrir ce qui se cachait derrière une queue tourbillonnante ou un air boudeur.
Toute seule, je n'ai bien entendu pu apprendre que quelques « mots » du langage canin, mais j'ai eu la chance de m'appuyer sur l'expérience de nombreux cynophiles, spécialistes, éthologues et behaviouristes qui ont consacré leur existence à son étude.
Je suis aujourd'hui vraiment heureuse de pouvoir, à travers cet ouvrage, vous exposer tant mes conclusions personnelles que les résultats du travail d'autrui (que j'ai « volés » en lisant presque tout ce qui a été publié sur ce sujet) : j'ai essayé de façonner l'ensemble en un texte facile à consulter, divisé en chapitres concernant les rapports du chien avec ses congénères, les autres animaux et l'homme. J'ai jugé bon d'insérer un chapitre spécifique sur le rapport chien-enfants, car ces derniers ne sont pas des hommes en miniature, mais des enfants tout court, qu'il convient de traiter avec le respect qui leur est dû en tant qu'« espèce » indépendante... car c'est précisément ainsi que les chiens les considèrent.

Du loup au chien

Tomarctus

Hesperocyon

LA PRÉHISTOIRE

Pour comprendre qui est vraiment le chien, il convient d'enquêter un peu sur ses origines afin, surtout, de découvrir qui fut son véritable ancêtre.
Précisons tout d'abord qu'un certain flou règne encore en matière de préhistoire canine : le premier animal mentionné comme l'ancêtre potentiel des canidés et des ours est un minuscule carnivore appelé *Miacis*, qui aurait vécu il y a quelque soixante-dix millions d'années.
De ce dernier descendrait le *Cynodictis*, présent aussi bien en Europe qu'en Asie, mais légèrement différencié d'un continent à l'autre, et qui serait à son tour l'ancêtre du *Mesocyon* (trente millions d'années), à l'origine de deux mammifères datant de l'ère tertiaire : le *Cynodesmus* et le *Tomarctus*.
Le *Tomarctus* fut très longtemps considéré comme l'ancêtre direct des loups, chacals et renards ; des études plus récentes ont cependant relevé des différences substantielles au niveau des structures osseuses et du patrimoine chromosomique de chaque espèce.
Par ailleurs, entre l'extinction du *Tomarctus* et l'apparition des premiers canidés, il s'écoula au moins cinq millions d'années : il s'avère donc extrêmement difficile de relier directement les deux espèces, à moins – comme dans le cas du passage du singe à l'homme – d'admettre l'existence d'un trait d'union, un rôle que certains auteurs attribuent à l'*Hesperocyon.*

Les premiers canidés qui firent leur apparition sur la Terre n'étaient pas des chiens, mais des loups et des chacals : reste à définir qui fut l'ancêtre de notre toutou actuel.
Bon nombre de spécialistes, à commencer par l'illustre éthologue autrichien Konrad Lorenz, soutinrent durant de

longues années que le chien domestique descendait de deux familles distinctes : certains chiens semblaient dériver du loup (*Canis lupus*), et d'autres du chacal (*Canis aureus*).
Des recherches plus récentes, dont celles de Wolf Herre, démentent cette théorie en considérant de nouveau le loup comme l'ancêtre unique de tous les chiens domestiques.
La principale raison réside dans le fait que le patrimoine chromosomique du chien (et du dingo, qui représente aujourd'hui sa forme sauvage) s'avère identique à celui du loup et du coyote (78 chromosomes), tandis que le chacal possède 74 chromosomes (et le renard 38, pour compléter le panorama des canidés sauvages les plus connus).
À la suite de ces découvertes, Lorenz fit lui aussi marche arrière dans ses derniers ouvrages et se déclara prêt à accepter que le loup soit l'ancêtre unique du chien.
Rappelons qu'il n'existe aucun obstacle génétique au croisement entre des espèces dotées du même nombre de chromosomes, à savoir entre le loup, le coyote et le chien (dingo inclus) : l'hybride qui en résulte s'avère parfaitement sain et fertile.
En réalité, cependant, le croisement du loup et du coyote a toujours été induit par l'homme, car il survient très rarement dans la nature en raison soit de barrières géographiques séparant les deux espèces, soit de barrières de type comportemental.
Dans certaines zones géographiques, par exemple, loups et coyotes partagent le même territoire et se retrouvent ainsi en concurrence alimentaire, de sorte qu'ils s'abstiennent soigneusement de se faire l'amour et préfèrent se faire la guerre.
Le chien est au contraire sexuellement bien disposé envers tous ses parents, et les accouplements spontanés entre chiens et loups, ou entre chiens et coyotes se produisent d'ailleurs assez fréquemment. On raconte que les tribus nomades du Grand Nord (en particulier les Mahlemiuts) attachaient exprès les chiennes en chaleur aux abords de leurs campements pour qu'elles puissent être couvertes par un loup mâle (le but étant de fortifier la race et de la rendre plus courageuse) : à ce qu'il paraît, leurs espoirs ne furent jamais déçus.
On tenta également de procéder à des croisements sélectifs loup/chien, afin de créer de nouvelles races : la première expérience, hollandaise, donna naissance au Chien-loup de Saarloos. Malgré des résultats au départ très peu encourageants, car les sujets manifes-

Chacal

Autrefois, on pensait que certaines races canines descendaient du loup, et d'autres du chacal

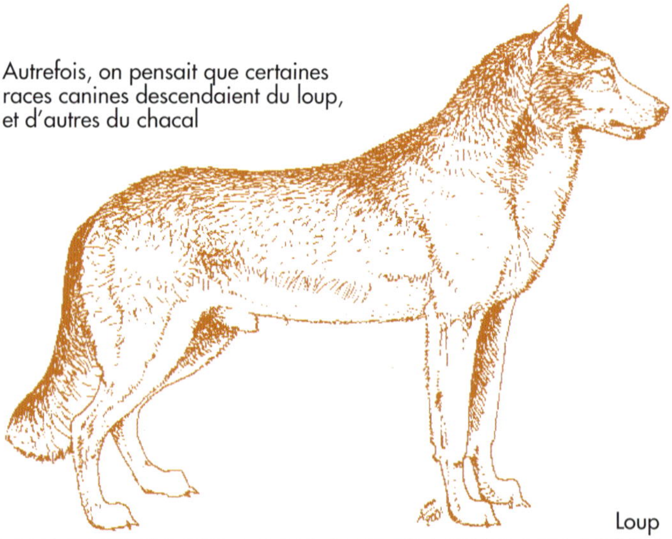

Loup

taient de sérieux troubles du caractère, la race a été récemment reconstituée avec succès.
Une autre expérience, italienne cette fois et menée par Mario Messi, donna naissance au Loup italien (une race non reconnue par la Société centrale canine italienne, mais dont le ministère de l'Agriculture italien assure directement la sauvegarde) qui, dès sa première apparition, révéla de remarquables qualités psychophysiques et s'utilise aujourd'hui principalement dans le cadre de la protection civile. La troisième race issue du croisement loup/chien est le Chien-loup tchèque : après quelques difficultés initiales, on obtient maintenant là aussi des sujets bien équilibrés.

Chien-loup tchèque

Chien-loup de Saarloos

L'HISTOIRE ANCIENNE : LA DOMESTICATION

Les premiers fossiles de canidés découverts (en Irak), à côté d'habitats humains remontent à quatorze mille ans : seule la datation au fluor permit d'établir leur ancienneté, car on aurait pu prendre ces os pour ceux de chiens modernes.
Presque toutes les autres pièces connues, très nombreuses et provenant d'un peu partout dans le monde, correspondent à des époques plus récentes (pour ainsi dire, étant donné que l'on parle toujours de huit à dix mille ans !).
Il convient maintenant de démolir une légende extrêmement répandue : celle selon laquelle le chien serait devenu ce qu'il est à cause de la domestication, les premiers canidés adoptés par l'homme

ayant en réalité été des loups. Rien n'est moins vrai.

Même s'ils devaient encore ressembler beaucoup à leur ancêtre, les premiers chiens s'en distinguaient (par mutation spontanée) déjà bien avant de rencontrer l'homme : il est du reste probable qu'ils se soient approchés de nous justement parce qu'ils étaient devenus moins sauvages, moins agressifs et, surtout, moins méfiants que le loup.

En analysant les séquences nucléotidiques mitochondriales du chien et du loup, Robert Wayne, un généticien de l'Institut de zoologie de l'université de Los Angeles, a conclu que la distinction s'était produite il y a environ cent mille ans. Wayne a utilisé la même procédure qu'Allan Wilson, lequel a daté notre espèce grâce à l'analyse de l'ADN mitochondrial (recherche connue sous le nom de théorie de l'Ève noire, car elle émet l'hypothèse d'une origine africaine de notre souche et parce que l'ADN mitochondrial, essentiel pour marquer les mutations spontanées, se transmet exclusivement par les femmes).

Il y a encore quelques années, la théorie la plus répandue concernant l'origine et l'évolution du chien voyait apparaître tout d'abord le *Canis familiaris palustris*, ou Chien des tourbières, dont les vestiges ont été mis au jour dans les cités lacustres remontant au Néolithique moyen. Ce chien aurait ensuite engendré trois types distincts, considérés comme les ancêtres des différentes souches actuelles :

– *Canis familiaris matris optimae* (que le zoologue Ietteles baptisa ainsi en mémoire de sa mère), dont descendraient la plupart des chiens de berger, les chiens nordiques et, plus généralement, tous ceux revêtant un aspect plus lupoïde ;

– *Canis familiaris intermedius*, aux fossiles datant de l'Âge du fer, et dont descendraient les chiens de chasse et les lévriers ;

– *Canis familiaris inostranzewi*, aux vestiges dénotant des dimensions vraiment considérables, et dont descendraient les molossoïdes d'aujourd'hui.

Ces races préhistoriques se seraient développées dans une seule contrée géographique (l'Asie), après quoi le chien aurait migré à la suite de l'homme vers d'autres horizons.

On tend aujourd'hui à penser que la domestication serait survenue, plus ou moins à la même période, dans au moins trois zones différentes (Asie, Afrique et Europe méridionale) ; on estime par ailleurs qu'elle aurait débuté il y a onze ou douze mille ans, en devenant particulièrement importante – et répandue – il y a environ huit ou neuf mille ans.

Les vestiges les plus anciens (ceux ayant quatorze mille ans) appartiendraient en réalité à des groupes de canidés sauvages qui s'approchaient des habitats pour dérober les restes des repas des hommes : cela arrive encore maintenant en Afrique et en Asie, où certains chiens (appelés parias) viennent au contact de l'homme pour se nourrir, mais prennent ensuite la fuite et ne sauraient absolument pas être qualifiés de domestiques. Si l'on en croit plusieurs auteurs, les canidés primitifs qui trouvaient le courage de s'approcher de l'homme étaient des sujets rejetés de leur propre meute, mais pas assez forts (trop jeunes ou défavorisés par la nature) pour s'en créer une bien à eux ; l'observation des chiens redevenus sauvages, et des loups eux-mêmes, incite néanmoins plutôt à penser que des meutes entières parfaitement organisées s'approchaient des habitats humains en quête de nourriture (surtout en cas de disette, quand la faim l'emportait sur la prudence).

Mon opinion personnelle est que les premiers vestiges de canidés découverts à côté de vestiges humains proviendraient :

– d'un malheureux visiteur (un solitaire ou un membre trop hardi d'une meute), surpris par un homme alors qu'il volait quelque chose de plus appétissant qu'un os rongé. Le vol de restes pouvait en effet être toléré, voire apprécié (les chiens faisant office d'efficaces éboueurs préhistoriques), mais sûrement pas celui de reliefs encore comestibles, que les hommes avaient bien l'intention de manger le lendemain ;

– ou... d'un plat particulièrement savoureux. Le chien a été considéré comme un animal à viande dans plusieurs civilisations et, aujourd'hui encore, on le consomme régulièrement dans certaines parties du monde (en Chine, par exemple). On ne voit donc pas pourquoi les hommes primitifs n'auraient pas essayé de le goûter.

Il ne s'agit évidemment que de simples suppositions : il s'avère un peu difficile d'établir avec précision ce qui se passa il y a quatorze mille ans !

Il ne fait en revanche aucun doute que quelques millénaires plus tard, les choses changèrent radicalement : d'aliment, de voleur et/ou d'éboueur, le chien se transforma en ami, collaborateur et auxiliaire.

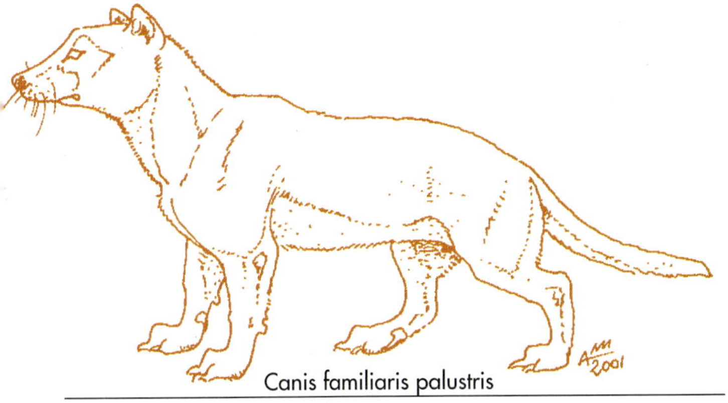

Canis familiaris palustris

Canis familiaris matris optimae

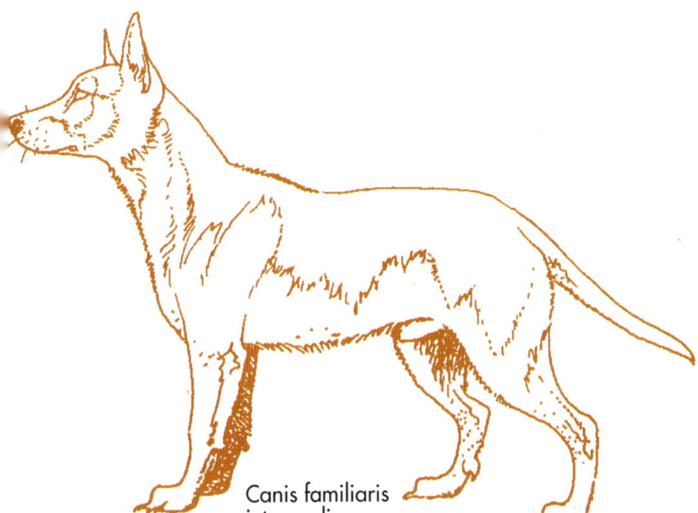

Canis familiaris intermedius

MAIS COMMENT ET POURQUOI ?

La domestication a suscité deux mille hypothèses, plus ou moins fiables. Chacune doit néanmoins forcément partir d'une constatation indéniable : hommes, chiens et loups avaient le même type d'organisation sociale, vivaient sur le même territoire et (facteur fondamental) mangeaient les mêmes choses.

Une situation de ce genre n'a que deux débouchés possibles : soit l'amour, soit la guerre.

Comme nous l'avons dit un peu plus haut, le loup et le coyote confrontés à de telles conditions ont décidé de se faire la guerre, à l'instar du loup et de l'homme, d'ailleurs (rappelez-vous le petit chaperon rouge).

Le chien a pour sa part choisi la voie de la paix et de l'amitié : c'est lui qui a été chercher l'homme, et non l'inverse !

L'homme s'est contenté de noter qu'à la différence de tous les autres, cet animal ne le craignait pas et venait souvent à son contact. Il se créa ainsi un rapport de type symbiotique (à savoir de collaboration et d'aide réciproque), vraisemblablement fondé à l'origine sur des motivations d'ordre utilitariste.

On pense en effet que l'homme a saisi le potentiel de collaboration du chien en tant que chasseur et gardien, et qu'il a adopté les premiers chiots dans la perspective de les domestiquer et de les employer pour servir ses fins.

Sincèrement, je ne suis pas très convaincue par cette interprétation.

Si je me mets à la place d'un homme primitif, j'ai déjà du mal à imaginer que le chien

puisse devenir mon collaborateur : pour moi, le chien est un animal sauvage qui s'approche parfois de ma maison (contrairement à son cousin le loup), mais sans se laisser toucher, et qui devient très dangereux quand il se retrouve coincé et dans l'impossibilité de s'enfuir.
À la place, toujours, d'un homme primitif, je crois que je pourrais admirer sa vélocité et son organisation à la chasse ; et j'aurais sans aucun doute réalisé que le chien parvient à suivre les troupeaux de bovins (dont je me nourris également) en se servant de son flair, tandis que mon nez s'avère malheureusement inadapté à cet effet. Si j'étais une sorte d'Einstein préhistorique, j'arriverais à suivre une meute de chiens pour voir si elle me conduit sur la piste de nos proies communes : mais l'idée d'apprivoiser un chien pour l'inciter à agir ainsi ne me traverserait même pas l'esprit.
Je suis un homme primitif, pas un éthologue : j'ignore tout de l'imprinting et de la socialisation. En vérité, je ne sais même pas en quoi consiste la domestication : n'ayant pas encore essayé de domestiquer, ne serait-ce que les pacifiques herbivores, je ne tenterais sûrement pas l'expérience avec un carnivore plein de crocs !
Je me contente donc de suivre de loin les déplacements des chiens, car je sais qu'ils me mèneront sur les traces du gibier ; et cette habitude fait, qu'un beau jour, je trouve un chiot orphelin.
Petit, sans défense, pas le moins du monde dangereux, il est à ma merci. Je suis sûrement capable de le prendre dans mes bras et de le ramener chez moi : mais pourquoi devrais-je me donner cette peine ? La seule réponse qui me semble avoir un minimum de logique est la suivante : je l'emporte chez moi pour le manger.
Je ne peux pas raisonner autrement, car pour que l'idée du futur auxiliaire revête un sens, il faut déjà savoir ce qu'est un chien, comment il se comporte et les précieuses aptitudes qu'il recèle : des notions que moi, homme d'il y a dix mille ans, j'ignore complètement.
Je sais simplement qu'un chien adulte représente une vingtaine de kilos de viande comestible et savoureuse, mais bien défendue par de terribles crocs. Avec ses minicrocs, le chiot ne peut en revanche pas me faire plus de mal que la piqûre d'une ronce.
Le seul problème réside dans le fait que le chiot ne pèse pas une vingtaine de kilos : il arrive tout juste à deux, ce qui s'avère bien peu pour se rassasier.
C'est la raison pour laquelle, une fois arrivé à la maison, je subis le courroux de mon épouse qui m'accuse d'être un bon à rien et d'avoir rapporté un repas ridicule.
Je sors donc de nouveau pour aller chasser quelque chose de mieux. Pendant ce temps, ma femme a l'idée de ne pas cuire le chiot et envisage au contraire de le maintenir en vie avec les restes de notre table (elle sait déjà que les chiens arrivent à manger les os que nous sommes pour notre part contraints de jeter), afin de voir si elle parviendrait à le faire grandir suffisamment pour nourrir toute la famille. J'abandonne alors mon personnage d'homme primitif pour revenir à mon état de femme moderne en train d'écrire un livre ; et puisque j'ai déjà évoqué ce sujet dans le passé, je me cite et poursuit l'histoire du premier chien domestique en reprenant un passage tiré du *Grand livre des chiens de race* :
Naturellement le chiot grandit, mais au lieu d'un dîner, l'homme primitif trouva un ami qu'il n'allait plus quitter.
Pourquoi ?
Il est trop facile de répondre « parce qu'il lui était devenu utile » : un chien (ou un loup) âgé de quatre ou cinq mois ne sert pratiquement à rien, si ce n'est à faire des saletés partout et à ronger les pantoufles. En admettant, mais rien n'est moins sûr, que les maîtresses de maison de l'époque n'aient pas été très soucieuses de l'éclat de leurs sols et bien qu'elles ne portent pas encore de pantoufles, nul n'ignore qu'un jeune chien sait beaucoup mieux faire des bêtises que se rendre utile si personne ne l'éduque et/ou le dresse (et je ne crois vraiment pas que les hommes primitifs avaient un terrain d'entraînement derrière chez eux... surtout pour le premier chien domestique de l'histoire).
Pourquoi, dans ces conditions, ce chiot ne fut-il pas mangé ?
Utile, il aurait pu le devenir vers huit ou neuf mois : mais il n'y avait aucune raison de le laisser grandir jusqu'à cet âge. Les hommes avaient sûrement déjà goûté à la viande de chiens jeunes et adultes, et je me refuse à croire qu'ils n'avaient pas découvert que la chair juvénile est plus tendre.
Le minichiot était peut-être trop petit pour rassasier une famille, mais un jeune chien de quatre mois au four suffit largement pour nourrir quatre ou cinq personnes.
Si ce chien n'a jamais fini sur la table en guise de plat du jour,

il n'y a qu'une seule explication : un membre de la famille s'y opposa fermement.
Je doute qu'il se soit agi du père-mari-chasseur-chef de famille, qui passait certainement très peu de temps à la maison et qui avait autre chose à faire que d'éprouver des sentiments affectueux. C'est beaucoup plus probablement son « épouse », peut-être poussée par l'un de ses enfants que l'idée de manger son meilleur ami rebutait.
Quoi qu'il en soit, le chiot n'a pas fini dans la casserole parce que quelqu'un l'aimait bien : c'est la seule déduction logique que l'on puisse tirer. Les explications utilitaristes ne sauraient être inventées que par des gens qui n'ont jamais eu chez eux un chiot de quatre mois.
Sauvé par amour, donc, le premier chien domestique grandit jusqu'à ce qu'il puisse se rendre vraiment utile soit en accompagnant son maître à la chasse, soit en montrant les crocs à l'intrus qui s'encadrait dans la porte de la cabane, soit les deux à la fois.
C'est ainsi que débuta l'histoire d'un duo jusqu'à présent indissoluble. Et elle commença plus ou moins en même temps à chaque coin de la Terre : les pièces archéologiques européennes, asiatiques et africaines racontent à peu près la même histoire sous toutes les latitudes.
Ensuite, l'évolution humaine ne se déroula pas au même rythme dans toutes les parties du monde : certaines civilisations progressèrent rapidement, d'autres demeurèrent longtemps au stade primitif, d'autres encore disparurent, assujetties ou anéanties par l'envie de livrer bataille qui, malheureusement, tout comme le chien, accompagne l'homme depuis ses origines (simplement le chien est plus sympathique).
Aujourd'hui encore, certaines populations sont tout juste sorties du stade primitif et d'autres ne l'ont peut-être jamais quitté, mais nous ne savons même pas qu'elles existent.
Tout cela tandis que j'écris ce livre sur mon ordinateur, avec devant moi une chaîne stéréo à plein volume et un téléviseur sur ma gauche.
Je ne saurais vous dire si nous vivons mieux avec nos ordinateurs et nos téléviseurs (sans oublier les impôts, les accidents de voiture et mon éditeur qui téléphone pour savoir si j'ai fini mon travail) que les peuples moins civilisés : je sais en revanche qui, avec nos moyens technologiques, nous pouvons aller fouiner au sein des civilisations les plus arriérées et connaître leur mode de vie.
On a ainsi découvert plusieurs villages perdus dans les montagnes du Pérou, dont les habitants ne possèdent ni PC, ni téléviseur, mais qui ont conservé l'habitude de faire allaiter par les femmes de la tribu les chiots devenus orphelins.
Il s'agit là d'un respect et d'une considération pour l'animal nettement supérieurs à ceux qui animent les plus ardents partisans des animaux de la partie « civile » du monde. Mais aussi d'un geste susceptible de nous faire comprendre, qu'à l'origine, la relation entre le chien et l'homme n'a jamais été intéressée, conçue comme un échange de services, car un chiot de quelques jours n'a rien à offrir de plus que sa tendresse.

LES DIFFÉRENTES ÉTAPES DE LA DOMESTICATION

Espèces domestiquées à la période préagricole :
- chien (XIIIe- IXe millénaire av. J.-C.) : Europe, Asie, Afrique ;
- renne (Xe-VIIIe millénaire av. J.-C.) : Europe (bassin baltico-scandinave) ; on estime que la domestication a été précédée d'une longue période de semi-domestication ;
- chèvre (VIIe-VIe millénaire av. J.-C.) : Asie ;
- mouton (VIe-V^{e} millénaire av. J.-C.) : Asie.

Espèces domestiquées à la période protoagricole :
- bovins (V^{e}-IVe millénaire av. J.-C.) : Asie ;
- porcins (3500-2500 av. J.-C.) : Asie, Europe.

Espèces domestiquées par des peuples nomades :
- cheval (3000-2000 av. J.-C.) : Asie, Europe ;
- âne (3000-2500 av. J.-C.) : Asie, Afrique.

Espèces domestiquées au IIe et au Ier millénaire av. J.-C. :
- poule (2000-1500 av. J.-C.) : Asie, Afrique ;
- pintade (700-500 av. J.-C.) : Afrique ;
- pigeon (1200 av. J.-C.) : Égypte.

Espèces domestiquées à l'époque historique :
- lapin (200-100 av. J.-C.) : péninsule ibérique ;
- dindon (époque inconnue) : Mexique ; introduit en Europe en 1524.

L'histoire entre l'homme et le chien a été, est encore et, espérons-le, continuera d'être une histoire d'amour.
C'est ainsi qu'il faut l'appréhender, avant toute autre considération utilitariste, si l'on veut vraiment comprendre le chien. Et si nous voulons aussi en apprendre davantage sur nous-mêmes.

Le chiot s'avère plus facile à éduquer que l'adulte

L'HISTOIRE MODERNE : LA SÉLECTION

Quelle que soit la manière dont la première domestication se déroula, on a la certitude que le chien était déjà un animal de « maison » quand l'homme commença à pratiquer l'agriculture et l'élevage des moutons.
À l'époque encore très reculée (Mésolithique et Néolithique) dont nous parlons, le chien avait déjà subi une première sélection de caractères physiques et psychiques : il possédait par exemple des crocs moins imposants et des mâchoires plus courtes que celles du loup.
Il existe deux explications possibles à cette situation : selon certains auteurs, la sélection humaine avait abouti exprès à une plus faible capacité de mordre et de serrer, afin de rendre le chien moins dangereux pour l'homme et, surtout, pour le bétail qu'il devait conduire en recourant souvent à la morsure.
L'autre explication – que personnellement je préfère – réside dans la sélection naturelle : le chien n'était plus obligé de chasser pour survivre et se nourrissait même presque toujours d'une pâtée toute prête, constituée des restes laissés par les humains. De sorte que les sujets dotés de dents et de mâchoires réduites, qui auraient rencontré davantage de difficultés dans la nature, vivaient alors très bien et se reproduisaient allègrement.
Il est probable qu'après cette contre-sélection naturelle (qui favorisait en réalité la survie des sujets les plus faibles, ce qui n'arrive jamais dans la nature), l'homme ait à son tour préféré les sujets les moins armés de crocs, en les accouplant entre eux et en fixant ce caractère. J'ai en revanche du mal à croire qu'il ait volontairement instauré une sélection dans ce sens (surtout compte tenu du fait qu'à voir les effets engendrés sur un mollet humain, il n'y a finalement pas de si grande différence entre une morsure de chien et une morsure de loup). S'agissant par ailleurs des conséquences d'une telle morsure sur les jarrets des moutons (morsure effectivement susceptible de blesser et d'estropier les animaux), je suppose que l'homme primitif avait adopté le même système que celui encore en usage chez bon nombre de bergers modernes : même si cela n'est pas très conforme à l'éthique, un petit coup de pierre sur les canines s'avère sans aucun doute plus rapide et plus efficace qu'une longue sélection génétique !
Je ne crois donc pas que l'homme primitif ait volontairement influencé l'appareil buccal du chien à l'aube de la domestication ; je le tiens en revanche pour personnellement responsable – consciemment – du phénomène connu aujourd'hui en éthologie sous le terme de néoténie, à savoir le maintien à l'âge adulte de plusieurs caractéristiques juvéniles.
Élaborée pour la première fois par Konrad Lorenz, la théorie de la néoténie fut ensuite appli-

quée à l'évolution des races canines par Lorna et Raymond Coppinger, deux biologistes américains.
Je suis pour ma part d'accord avec cette hypothèse, soit en tant qu'explication d'une évolution naturelle, soit pour ce qui concerne la tentative volontaire de l'homme de maintenir le chien au stade le plus « enfantin » possible du point de vue psychique. Le chiot s'avère en effet plus malléable, plus facile à éduquer et, dans l'absolu, beaucoup plus dépendant de l'homme.
Je n'ai pas de mal à croire que les premiers sélectionneurs humains aient accouplé entre eux les sujets qui demeuraient plus longtemps immatures sur le plan psychique ; mais l'homme découvrit ainsi qu'il modifiait aussi progressivement l'aspect physique. Le chien néoténique avait également tendance à conserver, outre le cerveau, le « visage » d'un éternel jeune individu.
Ignorant sûrement les lois de la génétique, l'homme était néanmoins suffisamment intelligent pour élaborer un système de sélection empirique : à force d'essais, d'accouplements entre tel et tel sujet, il finit par découvrir qu'il pouvait modeler le chien de diverses façons et l'adapter à ses différents besoins.
Les conséquences directes de la domestication et de la néoténie (voir encadré en haut de la page) ressortent nettement chez les souches canines les plus anciennes, justement.
La sélection de caractéristiques utiles ou esthétiquement appréciées donna très vite naissance à des souches de chiens bien distinctes les unes des autres. Mais il ne faut pas penser que

CARACTÉRISTIQUES PHYSIQUES INDUITES PAR LA DOMESTICATION

Oreilles tombantes : inexistantes chez les canidés sauvages adultes, mais communes à presque tous les chiots. Cette caractéristique se rencontre principalement chez les chiens de chasse et ceux de garde et de défense (à condition que les oreilles ne soient pas coupées), ou bien chez les toutes premières spécialisations du chien domestique.

Yeux foncés : ils donnent au chien une expression plus douce et, pour ainsi dire, plus humaine, mais ils n'existent pas chez les canidés sauvages.

Museau court : il n'a, selon moi, pas été sélectionné pour des raisons pratiques (la morsure d'un chien brachycéphale s'avère souvent plus puissante que celle des chiens à long museau), mais il crée une ressemblance avec la figure humaine.

Aboiement : le canidé sauvage adulte n'aboie pratiquement jamais et se limite à de très rares expressions vocales ; tous les chiots, en revanche, sont de grands « bavards ». L'aboiement s'avérait utile à l'homme pour plusieurs raisons (signaler la présence de gibier, prévenir de l'arrivée d'un intrus, etc.) : il accorda donc sa préférence aux chiens qui vocalisaient le plus et qui étaient aussi ceux situés le plus bas sur l'échelle néoténique.

Chien chinois à crête

Danois

l'homme ait décidé, un beau jour, de créer des Danois ou des Chiens chinois à crête, par exemple.
La différenciation des races canines fut graduelle et tout d'abord très lente : c'est seulement à une époque récente, quand l'homme commença à maîtriser les lois de la génétique, qu'il s'avéra possible d'obtenir des races conformes à un modèle imaginé par l'homme avant de le voir réalisé dans la pratique.
Il y a encore une centaine d'années, il se produisait exactement le contraire : le résultat des accouplements était presque entièrement fortuit, et l'homme se contentait d'approuver (et donc de maintenir, en les croisant entre eux) les types qu'il préférait.
Il convient cependant de souligner que l'homme n'a pas été systématiquement et uniquement poussé par des motivations utilitaristes : des raisons très diverses, pas toujours immédiatement compréhensibles, se trouvent à l'origine des différences morphologiques entre les races canines.
On comprend par exemple aisément pourquoi les grands molossoïdes de garde ont été sélectionnés : le chien devait effrayer l'éventuel individu mal intentionné en étant, par conséquent, le plus gros possible. Mais un Shih Tzu ou un Lhassa Apso, ces si petites « boules de poil », à quoi pouvaient-elles bien servir ?
Dans leur cas, la sélection subit également l'influence de la religion et fut même conditionnée par... une méprise. Au Tibet (patrie d'origine de ces deux races), la légende racontait que Bouddha était accompagné d'un petit chien qui, en cas d'urgence, pouvait se transformer en lion : les Tibétains déployèrent donc tous leurs efforts pour sélectionner un chien de taille réduite, mais n'en revêtant pas moins un aspect léonin. Il y avait cependant un léger problème : ils n'avaient jamais vu de lion, car le grand félin ne vit pas en Asie !
Pour effectuer ce travail créatif, ils auraient dû se baser sur les récits des aventuriers explorateurs qui avaient réellement croisé le chemin du lion durant leurs voyages : mais nous parlons d'une époque qui remonte à deux mille ans, quand les déplacements intercontinentaux n'étaient pas exactement à la portée de tous.
Très rares étaient les voyageurs qui avaient été aussi loin, de même que les occasions d'en rencontrer un.

Beaucoup de petits chiens d'agrément ou de compagnie, comme le Shih Tzu et le Lhassa Apso, ont été sélectionnés pour des raisons d'ordre religieux

Trouver des images (peintes ou sculptées) figurant le lion s'avérait en revanche assez facile. Malheureusement, elles ne reposaient pas non plus sur des observations directes, mais plutôt sur des récits probablement romancés, peut-être un peu exagérés, parfois rapportés par plusieurs personnes successives. Les Tibétains sélectionnèrent ainsi un chien-lion qui ne s'inspirait pas du véritable félin, mais de son image racontée, puis réinterprétée par l'imagination des artistes. Ceci dit, ils frôlèrent incontestablement leur objectif : un Shih Tzu moderne n'a pas grand-chose à voir avec un vrai lion, mais ressemble indubitablement aux statuettes chinoises représentant ce dernier !
Très souvent, la sélection humaine (surtout quand elle ne répondait pas à des moti-

Le Shih Tzu ne ressemble pas tellement à un lion, mais s'avère très proche de l'iconographie asiatique figurant cet animal

Même le Cavalier King Charles Spaniel peut avoir de graves problèmes quand on force le type en allant vers l'hypertype

vations utilitaristes) a entraîné chez quelques races des modifications tellement déterminantes que le résultat final n'a plus rien à voir avec le modèle originel.
Et ce n'est pas tout : dans certains cas, le résultat final ne réussirait pas à survivre dans la nature et ne reste en vie que parce que l'homme s'occupe de lui.
Il existe même des cas limites où le chien a du mal à vivre (et s'il y parvient, c'est à grand-peine), malgré les soins de l'homme : je condamne personnellement sans la moindre hésitation ces sélections exagérées, que je considère comme des violations de la nature, voire des interventions contre nature. Le Bulldog est un chien adorable, joyeux et heureux de vivre : mais si on le réduit à un pauvre être incapable de respirer simplement pour obtenir un type poussé à l'extrême (appelé hypertype, en cynophilie), l'intervention humaine n'a alors plus aucune justification. Le Cavalier King Charles Spaniel est une « petite chose » très gracieuse qui inspire une immense tendresse avec ses gros yeux saillants et son minuscule museau écrasé ; lorsqu'en revanche le museau se

Un Bulldog typique est un chien merveilleux ; un Bulldog hypertypique constitue en revanche une insulte à la nature

raccourcit au point de ne plus pouvoir contenir les dents et que le chien est obligé de vivre avec sa langue pendant hors de sa gueule, car rien ne la retient à l'intérieur... on n'a plus affaire à un chien, mais à une pathétique caricature dont, sincèrement, l'intérêt m'échappe.
La nature elle-même semble refuser catégoriquement de participer à cette sélection exagérée : bon nombre de chiennes appartenant à des races trop poussées à l'extrême ne sont en effet plus en mesure de mettre bas toutes seules. Mais l'homme a surmonté aussi cet obstacle en recourant à la césarienne et en perpétuant l'existence de sujets que la nature n'admettrait jamais.
Heureusement les choses ne se déroulent pas toujours ainsi : l'homme a également été capable de créer de merveilleux chiens, parfaitement viables et regorgeant de qualités psychophysiques.
Parmi les races « inventées », on ne saurait manquer de citer le chien le plus aimé du monde, à savoir le Berger allemand, sans oublier non plus le Dobermann, le Pointer, l'Eurasier, le Terrier noir russe et une multitude d'autres chiens presque créés sur le papier.
L'homme n'a commis que quelques ratages (notamment quand la sélection s'est fondée sur des critères esthétiques ou bien religieux) mais, lorsqu'il a voulu obtenir des chiens vraiment utiles, il a presque toujours accompli un excellent travail.
Revers de la médaille canine : certaines races modernes s'avèrent pratiquement identiques à celles qui datent de mille ou deux mille ans, car l'homme est intervenu soit très légèrement, soit pas du tout.
C'est le cas de presque tous les lévriers, de nombreux chiens nordiques et de toutes les races classées dans la catégorie « chiens de type primitif ».
L'homme a (éventuellement) mis son nez dans les affaires de ces chiens il y a bien des siècles, mais ensuite il n'a plus rien touché, peut-être parce qu'il se rendait compte qu'il ne pouvait pas faire mieux.
Il s'avère néanmoins intéressant de noter que les chiens en question se sont développés dans des zones géographiques à faible taux de population (du désert africain jusqu'aux glaces du Grand Nord), où l'homme n'est jamais parvenu à s'imposer car la nature était plus forte que lui. C'est peut-être justement la raison pour laquelle les rares hommes qui occupent ces terres inhospitalières nourrissent un profond respect pour le milieu qui les entoure : bien qu'ils aient placé le chien à leur service (chasse au traîneau, conduite des troupeaux, garde), ils ont très peu interféré avec la sélection naturelle.
Qui sait si ces hommes peu civilisés... mais sans doute beaucoup plus sages que nous n'ont pas quelque chose à nous apprendre !
Dernière considération concernant l'histoire du chien : on parle aujourd'hui de races bien fixées, à savoir d'un ensemble de facteurs génotypiques capables de reproduire toujours le même phénotype[1] quand on les croise entre eux.

Le Berger allemand, le chien le plus aimé dans le monde, a été créé « sur le papier »

1. Le génotype est le patrimoine génétique qui en partie provoque l'émergence de certains caractères visibles (tous regroupés sous le terme de phénotype), et en partie demeure invisible à l'œil. Les caractères cachés peuvent demeurer toujours latents ou bien se manifester (chez le sujet ou sa progéniture) en présence de conditions spécifiques.

Les lévriers, les chiens nordiques et les chiens primitifs ont été très peu manipulés par l'homme (en haut, à gauche, Podenco ibicenco ; à droite, Husky sibérien. En bas, Lévrier espagnol)

En réalité, cependant, cette fixation des races s'avère particulièrement fragile : quand l'accouplement d'un Setter anglais et d'un Pointer donne naissance à dix chiots, on a non pas cinq Pointers et cinq Setters, mais dix hybrides (bâtards) qui ressemblent juste vaguement à l'un de leurs deux parents. Et si, une fois devenu adulte, l'un de ces chiots s'accouple avec un Berger allemand, il sera déjà difficile de déterminer quelles étaient les races initiales.

Un cœur de loup bat même sous la mise la plus raffinée

■ LA SÉLECTION DANS DIFFÉRENTES ZONES GÉOGRAPHIQUES

Il est curieux de noter que la sélection des races canines modernes s'est déroulée de façon très différente selon les zones géographiques.
La Grande-Bretagne, par exemple, a sélectionné plus particulièrement des chiens à usage cynégétique (chiens d'arrêt, terriers) ; le travail zootechnique axé sur des chiens de petite taille, qui visait au départ uniquement des objectifs utilitaristes, s'est ensuite déplacé vers la sélection de chiens de compagnie (Terrier du Yorkshire, Berger des Shetland, Welsh Corgi, Fox-Terrier, Beagle).
La Chine a commencé à sélectionner des chiens à des fins alimentaires (Chow-Chow) et en relation avec des rites religieux (Pékinois) : bien que le chien continue aujourd'hui d'être considéré dans certaines régions comme un plat de roi, la Chine la plus évoluée a abandonné cette pratique et les races chinoises sont devenues essentiellement des races de compagnie (généralement plus répandues hors de leur pays d'origine).
Initialement agricole, l'Allemagne s'est appliquée à sélectionner des chiens de chasse (Braques allemands) et de berger (Berger allemand) ; avec la révolution industrielle, elle s'est en revanche consacrée au développement de races de garde et de défense (Dobermann, Rottweiler, Schnauzer). Plus récemment, elle s'est lancée aussi dans la sélection de quelques chiens de compagnie, qui représentent en général la version bonsaï de sujets conçus à des fins utilitaristes (le Spitz allemand nain, plus connu sous le nom de Loulou de Poméranie, est un Spitz loup – chien de garde – modèle réduit).
Berceau de plusieurs cultures, l'Italie est l'un des rares pays au monde à avoir touché un peu à tout, dès les origines de la cynophilie : on a en effet des chiens de chasse (Braque italien, Chien courant italien, Spinone et Cirneco de l'Etna), des chiens de berger (Berger de Bergame et Berger des Abruzzes et de Maremme), des chiens de compagnie (Bichon maltais, Bichon bolonais et Volpino), des chiens de garde (Mâtin napolitain et Cane Corso), un lévrier (Petit Lévrier italien)... et même la seule race au monde spécialisée dans la recherche des truffes (Lagotto Romagnolo).

L'homme doit tenir fermement les rênes de son travail de sélection, car le chien primitif se tient toujours aux aguets, prêt à surgir dès qu'on cesse les accouplements forcés et qu'on laisse faire la nature.
Si une hypothétique meute de chiens très purs (de taille moyenne, naine et géante) était libérée de l'influence humaine, en l'espace de trois générations la taille se stabiliserait déjà à la hauteur moyenne et l'aspect général se rapprocherait de celui du loup ou du dingo.
Il s'agit là aussi d'une leçon à retenir, car derrière chaque chien, du Danois au Chihuahua, se cache encore papa loup.
Même si le chien revêt des formes et des dimensions diverses ; même s'il nous « ressemble » de plus en plus ; même s'il aime aller dans nos salons de beauté pour se faire traiter davantage comme un top model que comme un animal... le loup est toujours là, juste sous la façade physique. Et il affleure encore plus sur le plan psychique.
Quand on parle du langage du chien, il ne faut jamais oublier qu'il s'agit encore à 70 % au moins du langage du loup.

L'ESPRIT DU CHIEN

Qui est en réalité notre ami à quatre pattes ? Un simple animal, à considérer et traiter comme tel (en bien et en mal), ou un être doué de raison, juste différent de nous, mais pas pour autant inférieur ?
Le fait que j'écrive un livre consacré à son langage répond en partie à la question, si l'usage d'un langage implique des facultés intellectuelles et une capacité d'instaurer des rapports interpersonnels (ou... intercanins, si l'on préfère) sans aucun doute réservées à des animaux très évolués. Je pars du principe que le chien pense, « parle », éprouve des sentiments : le tout à sa manière, bien entendu. Certains pourraient me reprocher de me fonder sur des sensations affectives et non pas sur des preuves scientifiques : essayons donc tout de suite de convaincre les sceptiques et voyons si (et comment) le chien raisonne.

LE CERVEAU

Le système cérébral du chien comprend trois parties principales :
– le cerveau proprement dit, qui régit l'apprentissage, les émotions ainsi que le comportement ;
– le cervelet, qui contrôle les muscles et leurs mouvements ;
– la moelle épinière, qui relie le cerveau au système nerveux.
Dans la mesure où le cerveau humain se structure de la même manière, il semble difficile de réfuter les thèses selon lesquelles le chien dispose d'un centre de contrôle parfaitement efficace et apte à élaborer des raisonnements complexes.

LE SYSTÈME LIMBIQUE

Comme chez l'homme, le système limbique contrôle dans le cerveau la mémoire et le niveau d'intérêt. Bon nombre d'études, réalisées tant en laboratoire que par le biais de l'observation éthologique, ont établi que le chien utilise ses sens d'une manière légèrement différente de celle de l'homme : tandis que nous avons normalement tendance (sans toujours y parvenir) à maintenir nos cinq sens simultanément ouverts, le chien sélectionne le sens principalement stimulé par une situation donnée, cependant que les autres se désensibilisent manifestement.
Nous reviendrons bientôt sur ce point ; pour l'instant, disons simplement que la sélection initiale est induite par le système limbique, justement, qui régit le degré d'intérêt suscité par un stimulus déterminé.

LES ORGANES DES SENS

Beaucoup de spécialistes se sont penchés, surtout ces dernières années, sur les capacités perceptives et sensorielles du chien. Malheureusement, quand une espèce entreprend d'en étudier une différente, elle se heurte toujours au problème crucial concernant l'appréciation des résultats. Analyser les sens du chien revient à les comparer avec les nôtres, car nous n'avons pas d'autre méthode acceptable et compréhensible : et cela constitue déjà en soi un handicap. Les résultats obtenus nous permettent aujourd'hui de saisir assez bien comment le chien utilise les cinq sens qu'il partage avec l'homme : la vue, l'odorat, le toucher, l'ouïe et le goût.
Nous ne disposons en revanche d'aucune explication pour des phénomènes semblant mettre en œuvre des sens supplémentaires qui nous font défaut et que, pour cette raison, nous ne parvenons pas à appréhender.

Il existe des preuves relativement claires de phénomènes télépathiques du chien. Dans son livre *Parapsychologie et mystères du monde animal* (Milan, 1979), un auteur italien, Leo Talamonti cite notamment un cas datant du début du XXe siècle, lors de la guerre russo-japonaise. Un chien de chasse appartenant à un soldat russe s'était vu confier au plus cher ami de son maître quand celui-ci avait dû partir à la guerre. Le chien se comporta de façon irréprochable durant six mois, mais un jour « il se mit, sans raison apparente, à pousser de terribles hurlements qui causèrent un sérieux dérangement à sa famille d'accueil et au voisinage. On tenta de le calmer par tous les moyens, mais en vain : la pauvre bête... refusa toute nourriture et continua de hurler jusqu'au troisième jour ». Une semaine après, seulement, on découvrit que son maître était mort au combat en Mandchourie, le jour même où le chien avait commencé à adopter ce comportement anormal.

Talamonti évoque également le cas d'une chienne de race Cocker dénommée Ulla qui, alors que sa maîtresse était en vacances, s'asseyait devant le téléphone et aboyait quelques secondes avant que cette dernière n'appelle sa famille.

Ces épisodes, et bien d'autres, ont fait l'objet de vérifications minutieuses, de sorte qu'il n'y a pas lieu de penser qu'il s'agit d'inventions. Mais ce n'est pas tout.

Il n'y a pas très longtemps, tous les journaux ont parlé de ce chien qui sentait d'avance les variations du taux de glycémie dans l'organisme de son maître diabétique et qui aboyait pour prévenir avant que ce dernier ne se trouve mal. La publication de cette nouvelle a amené d'autres personnes à signaler des situations similaires, si bien que l'on envisage aujourd'hui d'étudier à fond l'emploi du chien dans la prévention du coma diabétique.

Lilith, une femelle Rottweiler affectée à la protection civile, a remporté de très nombreuses récompenses en sa qualité de héros à quatre pattes

Autre cas, dont j'ai moi-même été récemment témoin : celui de la chienne Rottweiler Lilith, qui a reçu plusieurs prix de bonté et de fidélité canines, et qui a maintes fois sauvé le père de son maître, victime de crises cardiaques dues à une bronchite asthmatique. Lilith (qui travaille dans le cadre de la protection civile et s'avère capable de réaliser les exploits illustrés par la photo de cette page) sentait que l'homme allait mal, même quand elle ne se trouvait pas à ses côtés, et prévenait les membres de sa famille pour qu'ils lui portent secours à temps.

Sans oublier le célèbre cas de Tarzan, un Berger allemand que, dans les années 1960, son maître résidant à Gênes céda à un nouveau propriétaire habitant Trieste. Le voyage s'effectua par la mer, mais Tarzan voulait retourner chez lui... ce qu'il fit, par la terre bien entendu.

Il mit plus d'un mois et arriva dans un état déplorable, mais il atteignit son but.

Les épisodes de retour à la maison sont très fréquents, mais on ne saurait retenir ici l'explication ordinaire basée sur le flair : comment un chien pourrait-il se servir de son odorat pour convertir un itinéraire maritime en parcours terrestre ?
La vérité est que nous ne savons pas de combien et de quels sens le chien dispose effectivement ; ni comment il peut pressentir des tremblements de terre et des orages (même si on a désormais la preuve qu'il en est capable) ; ni comment il peut avoir connaissance d'événements qui se produisent à des kilomètres de distance ; ni comment il réussit à saisir (au vol, qui plus est) que son maître est en colère, heureux, malade ou inquiet.
Puisque nous ne parvenons pas à comprendre le sixième (voire le septième ou le huitième) sens du chien, nous ne sommes pas en mesure d'effectuer des études en la matière. Nous pouvons seulement nous contenter de supposer que ces sens supplémentaires existent, mais l'analyse ne va pour l'instant pas plus loin. Peut-être en saurons-nous davantage dans le futur... quand nous aurons réussi à comprendre également les fonctions de nos 80 % de cerveau dont nous ignorons tout pour le moment.
Mais revenons aux sens que le chien et l'homme ont en commun, et que ce dernier est donc parvenu à étudier.

Odorat humain	*Odorat canin*
5 récepteurs olfactifs	220 récepteurs spécifiques
50 cm environ de muqueuse olfactive	7 m de muqueuse olfactive
Mémoire olfactive extrêmement réduite, limitée aux odeurs particulièrement intenses	Mémoire olfactive développée au point d'identifier n'importe quelle odeur vieille de six semaines et de permettre sa reconnaissance trois ans après

Les capacités olfactives du chien s'avèrent infiniment supérieures à celles de l'homme

L'odorat

Il s'agit du principal sens du chien, qui l'emporte largement sur celui de l'homme.
Les races canines présentent des différences (parfois considérables) en matière de capacités olfactives, qui atteignent dans certains cas des niveaux inconcevables pour l'homme.

L'ouïe

Dans ce domaine aussi, nous nous trouvons en très nette position d'infériorité : l'ouïe du chien s'avère beaucoup plus fine que celle de l'homme et parvient à capter des sons à une distance quatre fois supérieure à la nôtre, en percevant en outre des gammes (comme les ultrasons) qui échappent à notre oreille.

Le goût

Sur ce point, enfin, nous remportons la victoire : bien que nous possédions seulement 9 000 papilles gustatives, contre 1 700 pour le chien, le goût ne sert pas beaucoup à ce dernier dans la mesure où

il savoure les aliments avec son nez ; il éprouve donc davantage de plaisir (ou de dégoût) en les sentant qu'en les mangeant.
Le fait qu'il avale généralement sans mâcher et en s'arrêtant vraiment très peu sur le goût en apporte la preuve. Les denrées qu'il garde le plus longtemps dans sa gueule sont celles qu'il n'aime pas et qu'il n'accepte éventuellement que pour nous faire plaisir (quiconque a essayé de donner à son chien deux morceaux de viande et, tout de suite après, un bout de pain, sait parfaitement de quoi je parle).

Les poils maxillaires du chien sont des organes tactiles extrêmement raffinés

Le toucher

Ce sens n'est pas disposé chez le chien de la même façon que chez nous (plus que la peau, les organes sensibles au toucher sont les poils, et plus particulièrement les sourcils, les vibrisses et les poils situés sous la mâchoire), mais il a plus ou moins le même niveau de développement.
Cela peut sembler étrange quand on pense que le chien n'a pas de mains, mais les poils maxillaires, par exemple, s'avèrent en mesure de déterminer la forme exacte de n'importe quel objet.

Les lévriers ont la meilleure vision panoramique de tout l'univers canin

La vue

Notre sens numéro un arrive seulement en troisième position chez le chien, où prédominent l'odorat et l'ouïe.
Malgré cela, et en dépit de ce que beaucoup de gens croient, le chien jouit d'une vue bien développée. Elle n'est pas

aussi détaillée que celle de l'homme – le chien s'avère effectivement incapable de reconnaître une personne d'une autre si ces dernières se tiennent immobiles à 200 ou 300 m –, mais il ne faut pas en conclure pour autant que le chien est généralement myope, comme on le pensait autrefois. Au cours d'expériences scientifiques, des chiens de berger et des retrievers guidés par des gestes ont démontré qu'ils pouvaient voir (et interpréter correctement) les gestes exécutés par leur maître à plus de 1 000 m de distance. Moi qui suis vraiment myope, je n'aurais même pas distingué le maître à cette distance !

Mais ce n'est pas tout. Le chien possède un champ visuel supérieur au nôtre : 180° pour nous, et jusqu'à 270° pour lui. L'amplitude visuelle varie en fonction des races : chez les chiens à museau court, dont les yeux occupent en principe une position frontale, elle n'excède pas beaucoup nos valeurs, alors que chez les dolichocéphales (comme les lévriers), elle atteint des niveaux panoramiques maximums.

Le dernier point sur lequel nous sommes battus à plate couture est la vision nocturne, nettement supérieure chez le chien (sans pour autant égaler celle du chat).

S'agissant de la perception des couleurs, il semble désormais admis que le chien en distingue une gamme différente de la nôtre, mais néanmoins assez étendue : il ne voit donc pas du tout en noir et blanc.

L'EMPLOI SÉLECTIF DES CINQ SENS

J'ai déjà précisé plus haut que le chien utilise ses sens de manière sélective : ce phénomène porte le nom de *one track mind*, à savoir « esprit à une piste ». La preuve réside dans le fait que quand un chien flaire une trace, par exemple, l'odorat devient le principal centre de ses connexions cérébrales. Si nous parlons au chien tandis qu'il est absorbé par cette activité, il ne nous entendra vraisemblablement même pas ; si nous insistons ou élevons la voix, le chien désactivera l'odorat pour activer l'ouïe. Il nous écoutera, donc, mais perdra en partie sa concentration sur la trace.

Au contraire, un chien lancé dans la discipline sportive de l'agility (qui, pour résumer brièvement, consiste à effectuer rapidement un parcours comportant des obstacles divers et variés sous la direction d'un conducteur humain) utilise principalement la vue pour observer les obstacles et les gestes du conducteur. Si ce dernier se sert également de sa voix pour donner des indications (« Hop ! », « Tun-

Les meilleurs conducteurs d'agility parlent le moins possible, pour ne pas distraire le chien de sa concentration visuelle

nel ! », « Slalom ! », etc.), il se produit une sorte d'interférence entre le canal visuel et le canal auditif, et le chien s'avère moins concentré : c'est la raison pour laquelle les conducteurs s'efforcent aujourd'hui de recourir le moins possible à la voix.
Ceci dit, il ne faut pas en conclure tout de suite que le chien est « mentalement retardé » parce qu'il n'utilise qu'un sens à la fois. Il n'en est rien, car si le chien se « concentre » sur un seul sens, les autres sont en réalité toujours prêts à entrer instantanément en action. Par ailleurs, l'homme aussi fonctionne en *one track mind*, dans certaines circonstances : toutes les épouses de maris-qui-lisent-à-table (et qui ne parviennent pas à se faire entendre, même pour leur communiquer d'importantes nouvelles) sauront très bien de quoi je parle.

LA FACULTÉ DE RAISONNEMENT

Nous avons vu que le chien possède un cerveau semblable au nôtre et des sens nettement supérieurs : il paraît alors évident qu'il est capable de raisonner, puisqu'il dispose de tous les moyens nécessaires. Reste à comprendre comment et dans quelle mesure il raisonne.
Le sujet, on le devine, s'avère si vaste qu'il faudrait lui consacrer un ouvrage entier : je suis donc obligée de me limiter à quelques indications concises.
Le chien a la faculté de faire des associations d'idées (la pure et simple possibilité de le dresser le prouve, tout comme les comportements consécutifs à des expériences agréables et/ou désagréables). Capable de se souvenir, et ce très longtemps (l'exemple d'Argos, le chien d'Ulysse, est légendaire, mais particulièrement explicite), il s'avère surtout apte à prendre des décisions face à des situations complètement nouvelles où il ne peut recourir ni à des souvenirs, ni à des conditionnements, mais uniquement aux ressources de son intelligence.
Dans son livre, *L'intelligence du chien* (Varèse, 1995), Melissa Miller cite le cas d'Irish, un Setter appartenant aux gérants d'un magasin. *Le chien avait l'habitude de rester couché devant le magasin, pour observer les piétons et les automobiles qui passaient. Un jour, il remarqua un bambin qui s'était éloigné de sa mère, absorbée par ses achats, et qui se dirigeait d'un pas mal assuré vers la rue. Les rares personnes qui se rendirent compte de la situation demeurèrent le souffle coupé lorsqu'elles virent des voitures s'approcher. Mais Irish ne perdit pas une seconde : il s'élança et, en plantant ses dents dans les petits pantalons, réussit à traîner l'enfant sur le trottoir.*
Il s'agit là simplement d'un des mille cas de « chiens héroïques » que l'on peut lire dans les faits divers, mais la capacité de raisonnement du chien se manifeste aussi clairement dans les menus épisodes de la vie quotidienne. Je connais personnellement des chiens (et des chats !) qui ont appris à ouvrir le réfrigérateur pour déguster des en-cas à l'insu de leur maître ; et j'ai eu un Berger allemand, Ektor, qui laissait entrer tout le monde dans le jardin lorsque moi ou ma mère étions présentes. Après la naissance de mon fils, cependant, il décida de lui-même que les règles du jeu avaient changé : quand j'étais là, il continuait de se montrer amical avec les étrangers, mais lorsque seule ma mère était présente, il ne tenait aucun compte de ses ordres et montait la garde à la grille d'un air intraitable. Il convient de noter qu'Ektor respectait ma mère, la considérait comme un supérieur hiérarchique et lui obéissait dans toutes les autres circonstances : mais dès que quelqu'un apparaissait à la grille, il devenait sourd à toute injonction. Il devait penser qu'une personne âgée, aussi respectable soit-elle, n'était pas un *bodyguard* digne de confiance pour le nouveau « chiot », et il agissait en conséquence.
Je pourrais remplir ce livre d'exemples de ce genre, qui mènent tous à la même conclusion : le chien pense, raisonne, décide. Ses mécanismes mentaux ne sont pas identiques aux nôtres et ont bien entendu des limites, mais de là à estimer que le chien suit exclusivement son instinct ou des conditionnements, il y a loin.
Le chien possède un instinct et s'avère génétiquement enclin à le suivre (exactement comme l'homme) : mais puisqu'il sait aussi penser, il est capable de se contrôler et de placer la raison avant l'instinct. Le chien sait retenir une peur instinctive (celle du feu, notamment) et peut apprendre à sauter à travers un anneau enflammé s'il comprend qu'en agissant ainsi, il rend son maître heureux.

Dans certains cas, les sentiments du chien s'expriment de façon éclatante

Je défie la plupart des personnes que je connais, et qui ont par exemple la phobie des araignées, d'en prendre une dans leur main pour faire plaisir à leur chien, même en ayant la garantie absolue qu'il s'agit d'une araignée parfaitement inoffensive !
Qui donc est le plus courageux pour dompter ses réactions instinctives et les remplacer par un raisonnement ?

LES SENTIMENTS

Nous avons désormais établi que le chien peut penser et raisonner. Mais est-il aussi capable d'éprouver des sentiments ?
L'étude de la psychologie canine a déterminé que le chien est en mesure de ressentir des émotions, de l'angoisse et du stress, exactement comme l'homme. On pouvait en réalité le deviner aisément, car il s'agit de sensations liées au système nerveux central, et nous avons vu que celui du chien fonctionne à l'identique de celui de l'homme.
Par conséquent, le chien éprouve des émotions allant de la joie à la douleur, en passant par l'excitation et le désespoir : un fait tellement évident qu'il ne requiert pas de gros approfondissements scientifiques.
Quand le maître rentre chez lui après une absence, la joie transparaît dans toutes les attitudes de son compagnon à quatre pattes. Nous avons parfois tendance à penser que le chien n'est pas très intelligent... car il nous fait fête même après une absence de quelques minutes : cela m'arrive à moi aussi, je dois l'avouer, avec ma Snowwhite. Lorsque je quitte la maison pour deux jours, à mon retour elle me tue littéralement par ses démonstrations de joie, que je trouve parfaitement normales : moi-même je la couvre de câlins. Mais si je sors de nouveau pour rentrer au bout de cinq minutes, elle me réserve un accueil plus ou moins similaire et je me surprends souvent à lui lancer : « Mais tu es vraiment bête ! Nous nous sommes vues il y a cinq minutes ! »... avant de me repentir et de prendre conscience d'une vérité qui me rend un peu honteuse : loin d'être stupide, ma chienne est simplement capable d'un amour beaucoup plus grand que le mien.
Pour elle, me revoir ne serait-ce qu'après quelques minutes demeure toujours une joie immense, alors que mon enthousiasme varie en fonction de la durée.
S'agissant de la douleur (morale et non pas physique), tout le monde – ou presque – aura déjà eu l'occasion de vérifier son existence chez le chien. Les faits divers débordent d'histoires de chiens qui se sont laissés mourir après la disparition de leur maître, et aujourd'hui encore, on ne sait pas très bien si le chien est véritablement capable de projeter un suicide, car on ignore la connaissance qu'il a de la notion de mort. Mais se laisser aller, ne plus avoir envie de jouer et refuser toute nourriture constituent indubitablement les symptômes d'un profond malaise existentiel.
On ne peut pas en dire autant de la triste mine que certai-

nes races affichent pour des raisons purement physiologiques et qui n'a aucun rapport avec leur état d'âme réel. Bulldog, Basset Hound, Carlin, Cavalier King Charles Spaniel, Chien de Saint-Hubert, Beagle (et bien d'autres) : tous paraissent souvent plongés dans de profondes méditations existentielles qui, à en juger par leur air, sembleraient déboucher sur des conclusions nettement pessimistes. En réalité, il se peut que notre ami soit juste en train de se demander combien de temps le sépare encore de sa prochaine pâtée. En cas de doute, je suggère de toujours regarder... de l'autre côté du chien : si la queue est haute, l'animal est joyeux, quoiqu'en disent les apparences.

Hormis les races à l'air « triste » de nature, joie et douleur sont des émotions faciles à observer et à comprendre chez le chien, car elles se manifestent généralement de façon flagrante. Il s'avère malheureusement plus difficile d'apprécier des sensations « souterraines », telles que l'angoisse et le stress, qui ont également fait l'objet d'études et de tests chez le chien, comme l'indique l'article de Luca Rossi que j'ai trouvé sur le site Internet *www.lucarossi.com.*

J'en reproduis ci-après un extrait :

Chez l'homme, l'angoisse peut dériver d'une appréhension à l'égard d'événements futurs incertains. L'homme craint la mort et espère un avenir serein et heureux. Le chien ne pense peut-être pas à la mort.

L'angoisse accompagne l'homme dans diverses situa-

Une triste mine ne correspond pas toujours à l'état d'âme : chez certaines races, il s'agit d'une expression typique qui n'a rien à voir avec ce que le chien pense ou ressent

tions qui se renouvellent quotidiennement (omissis).
L'anxiété et l'attente d'un événement où la personne est mise à l'épreuve suscitent chez certains sujets un renforcement de la motivation. Si l'événement en question est jugé important, on se prépare avec soin et précision. Un peu d'angoisse prépare donc l'apprentissage, car elle lance justement ce moteur intérieur que l'on appelle motivation.
Chez l'homme, l'angoisse se traduit par une augmentation de la transpiration au niveau des mains, principalement, de légers tremblements des membres, une accélération du rythme cardiaque et une hausse de la pression artérielle.
Les états d'anxiété chez l'homme peuvent être surmontés grâce au self-control. Certaines situations d'angoisse aboutissent à la manifestation des phénomènes susmentionnés (transpiration, etc.), qui sont purement physiologiques et, surtout, absolument normaux.
Lorsqu'ils persistent longtemps ou qu'ils dépassent un niveau donné, néanmoins, l'état risque de devenir pathologique, à savoir anormal.
Des conditions d'angoisse persistantes chez les chiens font parfois penser à une altération des neurotransmetteurs (sérotonine), des médiateurs chimiques (adrénaline et noradrénaline) ou du système gabanergique.
Plusieurs spécialistes avancent l'hypothèse d'une prédisposition génétique à des attitudes anxieuses.
En ce qui concerne le chien, on entend aujourd'hui parler d'angoisse de la séparation, moyennant quoi un sujet connaît une phase de tension émotionnelle causée par la séparation du maître.
Chez le chien, l'anxiété se traduit par une dilatation des pupilles, des mouvements convulsifs, des oreilles rabattues en arrière, un refus de s'alimenter, une accélération du rythme cardiaque (tachycardie), un tremblement des membres, une miction.
Il ne faut pas confondre l'angoisse avec la peur ou la terreur, dans la mesure où le changement d'humeur ne

s'effectue pas aussi brusquement. L'angoisse peut monter lentement, comme quand le chien comprend que son maître va sortir.

Pour atténuer les états anxieux, les vétérinaires peuvent prescrire des médicaments (antidépresseurs) favorisant la maîtrise des émotions, cependant que les substances bêtabloquantes servent en règle générale à contrôler la tachycardie. Pendant les phases d'angoisse, l'hypophyse (partie antérieure et intermédiaire) sécrète une hormone appelée corticotropine, ou hormone adrénocorticotrope qui, avec l'adrénaline, stimule l'attention et la vigilance. L'adrénaline active des centres cérébraux spécifiques en provoquant le réveil, en augmentant le tonus musculaire, en renforçant l'attention et la sensibilité aux stimuli internes et externes, la vivacité de réaction et la capacité de mémorisation.

La zone limbique du cerveau intervient en suscitant une grande émotivité qui se traduit par différents états, comme la peur, l'angoisse, l'irritation et l'agressivité.

Pour faire face à des cas d'urgence qui s'assimilent à un danger, des moments où l'animal ressent le besoin de mobiliser toute son énergie, les animaux, comme l'homme, produisent les catécholamines (adrénaline et noradrénaline). Véritable hormone de l'urgence, l'adrénaline permet à l'organisme de se préparer d'avance à affronter certaines circonstances pénibles. Étant donné le caractère immédiat de sa libération qui s'effectue par décharges, cette hormone a des effets rapides et intenses, mais limités dans le temps.

L'hormone corticotropine a en revanche un mécanisme d'action plus lent, mais beaucoup plus durable et constitue la réponse commune au stress. Il existe des stress de nature diverse (traumatismes, hémorragies, fractures et maladies), mais aussi des stress émotionnels, notamment en cas de conflit.

Chez le chien, le stress peut simplement résulter de l'ennui, d'un excès d'énergie inexprimée, d'un rapport conflictuel avec le maître, d'un usage et d'un abus de la punition, de techniques d'éducation et de dressage créant une pression psychologique chez l'animal.

Chez le chien, le stress accroît la production de cortisol par les gonades avec, du même coup, une diminution potentielle des défenses immunitaires du sujet.

Il appartient aux maîtres de s'appliquer à observer le comportement de leur chien, afin de déceler et de savoir si l'animal éprouve des émotions, de l'angoisse ou du stress.

LA LOGIQUE DE LA MEUTE

« La meute fait la force du loup.
Le loup fait la force de la meute »
RUDYARD KIPLING

La meilleure façon de comprendre le langage canin consiste tout simplement à observer les rapports intraspécifiques. Le chien adopte en effet un comportement beaucoup plus naturel et entier avec ses congénères qu'avec l'homme. Ce choix repose sur un véritable « raisonnement », car le chien apprend au fil de sa vie avec l'homme les limites de ce dernier. C'est surtout quand il se trouve dans des conditions de calme (car l'excitation nerveuse le rend plus chien) qu'il s'efforce d'utiliser les moyens de communication les plus facilement perçus par son compagnon à deux pattes : il délaisse donc volontairement les signaux qui ne lui ont jamais valu la moindre réponse et en invente parfois certains spécialement destinés à l'homme, qu'il n'emploierait jamais avec les autres chiens.
C'est le cas du fameux « sourire », typique des Dalmatiens, mais observé également chez les Colleys, le Chien de Canaan... et les bâtards, comme je peux l'affirmer avec orgueil depuis que ma Snowwhite, croisement de Bobtail et de Dieu sait quoi, a commencé à me sourire.
Snowwhite a sept ans et ne l'a jamais fait dans sa jeunesse : il s'agit donc d'un comportement acquis, et qui plus est à un âge avancé.
Le sourire consiste à étirer la lèvre supérieure vers l'arrière en découvrant les dents, ce qui crée un rictus du plus haut comique que certains prennent, à tort, pour une marque de menace : il n'en est rien, comme le prouve d'ailleurs

Les chiens communiquent de façon spontanée et naturelle

l'attitude de tout le reste du corps qui envoie des signaux de soumission et de paix.
Le sourire constitue un indice de disponibilité et d'amitié (le chien sourit souvent au retour de son maître à la maison ; ou lorsqu'il a commis une bêtise quelconque et que cet effet comique empêche presque de le punir !) : on estime qu'il s'agit vraiment d'une imitation du comportement humain, issue de l'observation. Dans la pratique, le chien a compris que quand nous sommes contents et bien disposés envers quelqu'un, nous découvrons nos dents : il fait par conséquent la même chose à notre égard.
Cela paraît assez étrange, car le mimétisme s'avère extrêmement limité chez le chien : il n'en demeure pas moins que le chien ne « sourit » jamais à un autre chien, uniquement à l'homme.

Le « sourire » du chien (présent seulement chez certaines races) ne s'adresse qu'à l'homme, jamais à un congénère

QU'EST-CE QU'UNE MEUTE ?

Les canidés se répartissent en trois catégories principales : les animaux solitaires, ceux qui vivent en couple et ceux qui vivent en meute.
Le renard est un exemple du premier type : il vit et chasse seul, les couples ne se formant que pour la brève période de la reproduction. À la naissance des petits, le père est déjà reparti de son côté et la mère fait de même après avoir sevré sa progéniture ; les renardeaux devront eux aussi apprendre très vite à se débrouiller tout seuls.
Le chacal constitue en revanche un exemple d'animal vivant en couple : sa minimeute se compose essentiellement du père, de la mère et de leurs petits. Mais quand ces derniers grandissent, ils suivent leur propre voie. Il arrive dans de rares cas que l'un d'entre eux reste jusqu'à l'année suivante, en faisant alors office de « gouvernante » pour les nouveau-nés : cela permet la survie d'un plus grand nombre de sujets, car le frère aîné, désormais adulte, est capable de défendre les petits contre les prédateurs. Une fois que la portée est sevrée, le grand frère part en quête d'une compagne, afin de créer une nouvelle cellule familiale. L'un des jeunes demeure éventuellement dans l'ancienne... et ainsi de suite. On ne rencontre jamais plus de trois chacals adultes réunis.
Les loups, coyotes et chiens vivent pour leur part en meute. Leur structure sociale comprend entre deux (phase initiale) et quinze sujets au maximum. Le nombre dépend presque toujours des ressources alimentaires présentes sur le territoire ; dans des conditions d'abondance absolue (comme celles reproduites parfois en captivité), les meutes peuvent compter jusqu'à vingt individus, après

Le renard est un animal solitaire : les couples se forment à la période de reproduction et se séparent juste après

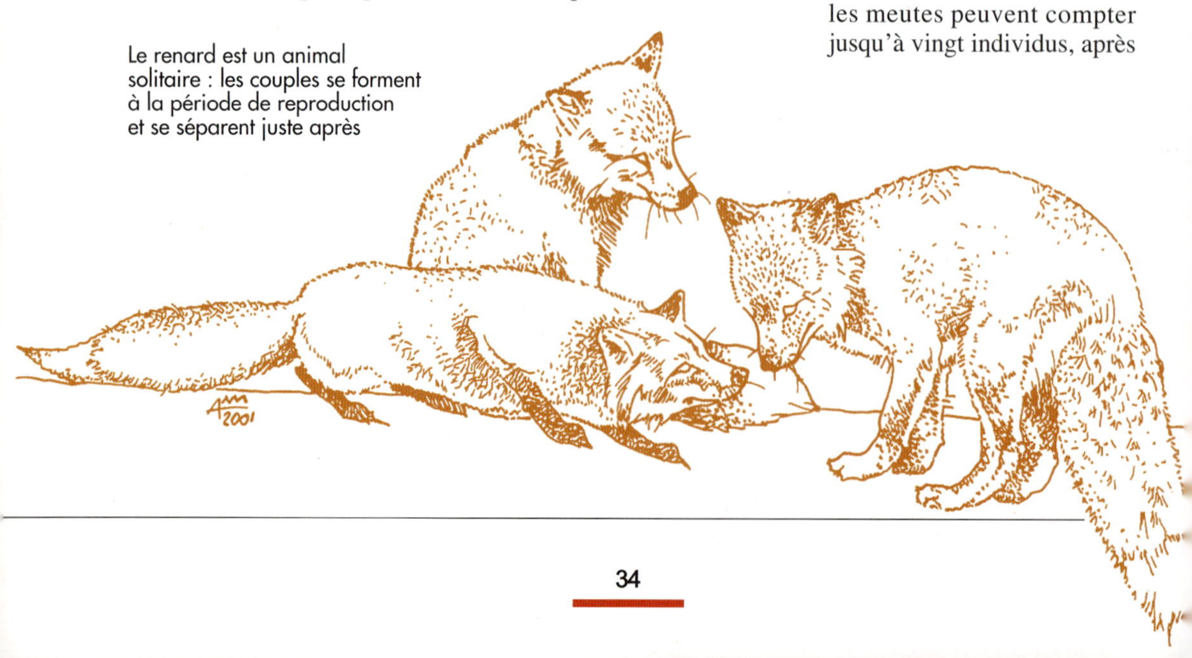

Chez les chacals, la meute se résume au couple et à ses petits

Le loup est un animal social, qui vit toujours en meute

Meute rime avec amitié et, surtout, coopération, comme dans le cas de ces Welsh Corgi Cardigans

quoi on relève généralement une tendance à la division en deux sous-meutes distinctes. Dans la nature, une meute de loups rassemble en moyenne cinq à huit sujets. Une meute de loups (ou de chiens) n'équivaut pas à un simple groupe de loups (ou de chiens). La meute existe en vertu d'une structure parfaitement organisée, car ses membres entretiennent des relations précises entre eux : ils se connaissent, communiquent et, surtout, coopèrent.

LA STRUCTURE HIÉRARCHIQUE

La meute se caractérise par un ordre hiérarchique précis où l'on distingue un chef, des éléments intermédiaires et des inférieurs hiérarchiques. Chez les loups, le chef de meute est toujours un mâle (chez les chiens, il peut s'agir indifféremment d'un mâle ou d'une femelle) appelé mâle alpha. La femelle de rang supérieur est à son tour qualifiée de femelle alpha.

Les deux sujets de rang supérieur et de sexe opposé sont les seuls à s'accoupler une fois par an (et non deux, comme cela se passe en revanche chez les chiens).

Mais comment ces rôles s'établissent-ils ?

Il existe deux possibilités. Première : la meute naît du développement d'une famille et part donc d'un seul couple mâle-femelle. Les premiers membres de la meute seront les petits nés de leur accouplement : ils recevront de leurs parents un enseignement (par le biais du jeu) en matière de chasse, de combat et de comportement social.

Maman et papa sont leurs guides, leurs professeurs, et aucun ne songe à mettre en doute leur autorité : ils constituent donc le mâle et la femelle alpha par antonomase, et nul ne leur conteste ce statut. Lorsque les deux sujets « alpha » recommenceront à s'accoupler l'année suivante, la nouvelle progéniture se trouvera confrontée à l'autorité indiscutée du chef et de la chef, mais aussi à la supériorité hiérarchique de ses frères et sœurs

Pour un petit, maman et papa sont toujours des adultes alpha

aînés). Un triple ordre hiérarchique se sera donc créé de manière spontanée et naturelle : chefs, intermédiaires et inférieurs (à savoir les derniers arrivés, les sujets les plus jeunes et les plus inexpérimentés).
Seconde possibilité : avant d'avoir une portée, le couple initial rencontre un autre groupe de loups (soit un second couple, soit une petite cellule familiale avec des petits) et décide de se joindre à ce dernier. Les animaux sociaux ont tendance à s'unir car ils savent, instinctivement, qu'un groupe a davantage de chances de survivre qu'un couple. Ces chances reposent sur le fait que les animaux sociaux ont la capacité de communiquer entre eux et d'élaborer des plans de chasse précis, en coopérant et en coordonnant leurs moyens de façon à obtenir le résultat maximum en dépensant un minimum d'énergie. Quand deux couples chassent ensemble pour la première fois, il arrive que l'un des deux mâles se révèle manifestement plus habile et expérimenté que l'autre : il se peut alors que ce dernier accepte sans problème de lui confier le rôle de mâle alpha. Si les deux estiment être à égalité, en revanche, l'affrontement devient pratiquement inévitable. Mais attention, ils ne se livreront pas un duel à mort ! Mère Nature a pour principal objectif d'assurer la survie de l'espèce, et les animaux sauvages sont enclins à considérer la vie comme un bien précieux. D'un autre côté, pour que l'espèce survive, il faut absolument que le chef de meute soit le sujet le plus fort, le plus intelligent et le plus expérimenté : soit parce que, dans le cas contraire, il risquerait de mener tout le groupe à la ruine, soit parce qu'il est le seul à pouvoir s'accoupler et que son patrimoine génétique est celui qui garantira la continuité de l'espèce. Plus il sera de haute qualité, plus l'espèce se fortifiera et aura davantage de chances de survivre. Le problème est donc le suivant : seul un combat permettra d'identifier le meilleur des deux candidats au poste de sujet alpha. Mais dans le cas où le plus fort remporterait simplement la victoire et où l'autre serait tué, il se

produirait deux conséquences désagréables :

– le vainqueur pourrait lui aussi être gravement blessé et risquerait de ne pas survivre ;

– le patrimoine génétique représenté par le perdant serait sûrement perdu pour toujours, ce qui ne s'avérerait d'aucune utilité pour l'espèce. Le simple fait d'avoir tenté de défier le vainqueur prouve que ce loup (ou chien) ne doit surtout pas être éliminé, car il s'agit d'un bon sujet, sain, courageux et sûr de lui. Peut-être l'est-il « moins » que son collègue, mais sa mort équivaudrait quoi qu'il en soit à un stupide gaspillage biologique.

Dans la mesure où mère Nature rejette catégoriquement ce concept, le problème a été résolu par la ritualisation. Avant d'arriver véritablement à se mordre, les deux adversaires suivent un schéma d'attitudes et de mimiques qui suffit très souvent à distribuer les rôles. La « scénographie » s'avère très rarement insuffisante et évite en général de passer aux voies de fait.

Mais en quoi consistent exactement ces rituels ?

Les illustrations de la page suivante exposent une série de mimiques corporelles et faciales : expliquer tout cela avec des mots serait beaucoup plus compliqué et, en fin de compte, superflu. Disons seulement, qu'en général, l'animal se « grossit » ou se « rapetisse », le corps constituant soit une marque de domination, soit de soumission. Une queue haute, une tête bien droite avec des oreilles pointées en avant, etc., représentent par conséquent des signaux de force, et leurs contraires (tête basse,

La ritualisation (que l'on pourrait également définir par l'expression « faire beaucoup de bruit pour rien ! ») sert à préserver l'espèce en évitant des morts inutiles

oreilles rabattues en arrière, queue entre les pattes, etc.), des signaux de faiblesse.

Le regard revêt une importance spécifique : un regard fixe et attentif traduit la domination, et un regard bas et/ou fuyant la soumission.

En cas de conflit, par conséquent, le loup qui s'estime dominant adoptera les postures classiques du chef, en menaçant l'adversaire par des mimiques corporelles et faciales ; l'autre réagira soit par la même attitude dominante, soit par un comportement mal assuré qui se transformera peu de temps après en marques de soumission. Mais tout n'est pas toujours blanc ou bien noir, au contraire ! Dans la très grande majorité des affrontements, il n'y a pas un sujet A « complètement dominant » et un sujet B « complètement soumis » : si tel était le cas, il n'y aurait aucune raison de lancer le défi ! On voit en revanche beaucoup plus souvent des sujets qui, par exemple, s'avèrent « dominants devant et soumis derrière », en découvrant leurs dents, mais en gardant leur queue entre les pattes. Dès les premières escarmouches, un spectateur expérimenté saisira assez facilement si l'un des adversaires finira par se rendre (en exposant son ventre dans le geste de soumission totale classique), s'il prendra la fuite (une réaction très fréquente quand un sujet refuse de se soumettre, mais se rend compte qu'il n'a pas non plus les moyens de dominer l'autre), ou s'il existe vraiment un risque de combat à mort. Les combats véritablement dramatiques sont, je le répète, rarissimes dans le cas du loup et du chien sauvage. On ne peut malheureusement pas en dire autant en ce qui concerne le chien domestique.

Mais revenons à notre meute sauvage, et voyons ce qui se passe quand l'un des loups réalise qu'il est inutile d'insister, car l'autre est le plus fort. Celui qui décide de se soumettre enverra des signaux de reddition parfaitement clairs, le plus courant d'entre eux consistant à se coucher sur le dos le ventre en l'air et à offrir sa gorge sans défense à l'adversaire.

Mimique faciale de domination croissante

Mimique faciale de soumission

Mimique corporelle de domination croissante

Mimique corporelle de soumission

Domination et soumission s'expriment ici sans demi-mesures

Un chien indécis quant à l'attitude à adopter... opte parfois pour un compromis : l'avant est dominant, et l'arrière soumis

Offrir sa gorge et son ventre constitue la manifestation extrême de la soumission passive

À ce moment, l'autre loup pourrait infliger une profonde morsure juste à cet endroit et régler définitivement le problème : et bien, il ne le fait pas ! Soyons bien clairs, cependant : il n'agit pas ainsi par respect d'un quelconque « code de chevalerie » l'empêchant de « tirer sur l'ambulance », mais simplement... parce qu'il ne le peut pas !

Face à un geste de soumission, en effet, le fameux mécanisme d'inhibition s'enclenche chez le chien dominant, un mécanisme inné chez les animaux sociaux et qui ne répond à aucune sorte de raisonnement « éthique ».

Le mécanisme d'inhibition est partiellement « acquis » (mieux vaudrait-il dire consolidé), car il se transmet en réalité génétiquement par les loups et les chiens durant la première phase de leur existence, quand les petits se jettent sur le dos, les pattes en l'air, et découvrent qu'il s'agit du meilleur moyen pour apaiser un père agressif ou calmer une maman fâchée.

C'est la raison pour laquelle, indépendamment de la race, les chiens qui grandissent avec leurs deux parents (ou tout au moins avec un mâle et une femelle adultes) apprennent mieux et plus vite les règles de ce que l'on pourrait appeler le « savoir-faire canin ».

Mais observons de nouveau la structure de la meute.

Nous avons vu que, d'une manière ou d'une autre, un chef est toujours « élu » ; viennent ensuite les membres d'un niveau hiérarchique moyen et, enfin, les inférieurs. Les chiots appartiennent automatiquement à cette dernière catégorie de même, parfois, que les adultes les moins favorisés, physiquement ou psychiquement.

Attention ! Quiconque serait tenté de penser « les pauvres petits ! » pécherait comme d'habitude par anthropomorphisme.

En effet, les loups de rang inférieur ne se considèrent absolument pas comme de pauvres petits et se trouvent très bien ainsi ! Il leur arrive peut-être de manger en dernier, de ne pas pouvoir s'accoupler et de devoir se renverser deux cents fois par jour pour prouver leur respect et leur soumission aux chefs, mais ils ne sont pas malheureux pour autant. C'est leur nature, ils la suivent et sont en paix avec eux-mêmes. Le seul moyen d'en faire de vrais malheureux consisterait à les contraindre de jouer un rôle qui ne leur revient pas et qu'ils ne sont pas en mesure d'assumer.

N'oubliez pas ce point fondamental, dont nous reparlerons dans la partie consacrée aux rapports entre le chien et l'homme.

Reprenons maintenant l'exposé concernant le fonctionnement de la meute, en rappelant qu'il ne s'agit pas d'une structure fixe et immuable : quand par exemple le nombre de sujets devient trop élevé comparé aux ressources alimentaires du milieu, certains membres sont rejetés. Mais n'allez surtout pas imaginer

Là, c'est maman qui commande !

que cette sanction s'applique aux sujets de rang inférieur (les pauvres petits susmentionnés), car cela ne se produit presque jamais.
Dans la plupart des cas, l'exclusion frappe en revanche les jeunes femelles (âgées de deux ou trois ans en moyenne), qui entrent en chaleur et, du même coup, en conflit avec la femelle alpha : pour peu qu'on en arrive à l'affrontement véritable et que la jeune femelle décide de se retirer, elle sera presque sûrement suivie par un mâle aussi jeune n'ayant jusqu'alors pas eu l'occasion de s'accoupler.
Un nouveau couple se crée, qui donnera naissance à une nouvelle meute... mais qui ira chasser sur un autre territoire, car celui de l'ancienne meute deviendra *off-limits*.
La prévoyante mère Nature, toujours elle, évite de cette façon que les ressources alimentaires d'un territoire subissent une exploitation excessive et offre simultanément des chances de survie supplémentaires à l'espèce, en la disséminant au sein de frontières plus vastes. Bien entendu, quand un conflit oppose des femelles, rien ne dit que la défaite soit obligatoirement du côté de la plus jeune : il arrive que cette dernière ait atteint une maturité psychophysique suffisante pour mériter elle-même le rôle de femelle alpha.
Lorsque tel est le cas, l'ancienne chef cède la place à la nouvelle et s'en va. Là aussi, cependant, elle emmènera immanquablement avec elle un ou plusieurs jeunes mâles prometteurs, avec lesquels elle formera une nouvelle meute.
Dans certains cas, le mâle alpha en personne partage le sort de sa compagne, une attitude que seul l'amour peut dicter.
Un conflit entre deux mâles s'avère complètement différent. Quand le mâle alpha doit capituler, il est presque toujours trop vieux ou trop faible pour susciter encore un intérêt quelconque chez les femelles.
Le pauvre loup a alors deux possibilités : soit il s'en va tout seul en espérant rencontrer une nouvelle compagne solitaire et recommencer à zéro, soit il reste en marge de son ancienne meute, sans plus pouvoir ni s'accoupler, ni participer aux autres activités sociales, et en se contentant des restes laissés par ses anciens compagnons pour se nourrir.
Ces loups tenus à l'écart (qua-

lifiés de périphériques, en éthologie) ont généralement une faible espérance de vie, mais cela aussi sert à préserver l'espèce, à laquelle les sujets les plus faibles ne sont plus d'aucune utilité.
Terminons en jetant un dernier coup d'œil au cas de la femelle qui a quitté sa meute d'origine en emmenant avec elle des sujets du sexe opposé. Si un seul loup l'a suivie , les fondements d'une nouvelle meute s'avèrent déjà posés. Quand plusieurs mâles la suivent, il y a de très fortes chances pour qu'un combat établisse qui sera le chef du nouveau groupe, après quoi le vainqueur concrétisera ses espoirs, tandis que le perdant pourra :
– retourner la tête basse vers sa meute d'origine (qui ne l'acceptera pas forcément) ;
– partir de son côté en espérant rencontrer une autre femelle ;
– accepter une fois de plus de se contenter de regarder au sein de la nouvelle cellule, dans l'attente de jours meilleurs. Et l'histoire continue.
Mais que se passe-t-il dans la meute d'origine lorsqu'un loup tente d'y revenir après avoir échoué dans sa tentative de former un nouveau couple ?
Comme nous l'avons vu peu avant, rien ne dit que la meute accepte son retour, tout comme elle n'accepte pas facilement de nouveaux membres inconnus.
La raison réside essentiellement dans la territorialité qui caractérise tous les animaux vivant en meute (non seulement les mammifères, mais également les oiseaux, les poissons, ainsi que d'autres espèces).

LA MEUTE ET LA TERRITORIALITÉ

Le territoire est le lieu où vit la meute et qu'il convient de défendre avec acharnement contre tout intrus : l'envahisseur peut en effet représenter un sérieux danger (quand il s'agit d'un prédateur) ou bien un rival alimentaire ou sexuel (quand il s'agit d'un membre de la même espèce).
Dans tous les cas, mieux vaut que chacun reste chez soi. Les loups (et les chiens) mâles marquent les frontières de leur territoire en urinant : leurs congénères connaissent ainsi parfaitement les limites à ne pas franchir. Plus le chien (ou le loup) sera dominant et sûr de lui, plus il lèvera la patte haut, comme pour étendre ces frontières.
Quand un loup étranger à la meute franchit les limites territoriales, on enregistre trois cas de figure :
– c'est un solitaire dominant, qui entend défier le chef ;
– c'est un solitaire « désespéré », qui veut s'intégrer dans une communauté et s'avère prêt à accepter la suprématie de l'actuel chef de meute, en se soumettant à lui ;
– c'est un loup qui a quitté sa meute mais a ensuite changé d'avis et souhaite y retourner.
L'étranger ou le « fils prodigue » sont parfois acceptés (ou réacceptés) sans problème, pour peu qu'ils expriment

Voici comment le chien marque les limites de sa propriété

La soumission des chiots aux adultes se manifeste même de façon exagérée

clairement et sans ambiguïté leurs intentions de soumission totale : cela se traduit par des manifestations souvent exagérées – le but étant justement de les pousser au maximum –, qui ressemblent beaucoup à celles des chiots, à savoir des membres situés en bas de l'échelle hiérarchique.

Chez les chiens aussi, on rencontre fréquemment l'attitude de soumission extrême que les chiots réservent aux mâles adultes : glapissements désespérés à la simple approche du chef (comme si le mâle était en train de les égorger, alors qu'il ne les touche même pas), perpétuels renversements sur le dos, émission de gouttes d'urine (la fameuse miction de soumission).

Quand les chiots grandissent, ces épisodes évoluent progressivement vers des rituels nettement plus atténués (tourner la tête, baisser les yeux, donner de petits coups de langue aux coins du museau), mais toujours aussi significatifs : une soumission désormais escomptée peut en effet se traduire par un geste à peine esquissé, qui se contente d'assurer sa continuité.

Le nouveau membre de la meute (ou le revenant) doit en revanche accentuer ses rituels : dans le premier cas, car il s'agit d'une confrontation *ex novo* avec le chef de meute ; dans le deuxième, car quitter la meute équivaut à manquer de respect au chef, en cessant de reconnaître son autorité. Il faut alors recouvrer sa bienveillance.

Si le nouveau membre refuse de se soumettre (ou s'il s'y efforce sans parvenir à ga-

gner les faveurs de la meute), la fuite constitue une alternative très courante au combat.
Telle est en réalité la solution choisie presque systématiquement par les étrangers qui n'ont aucun lien social avec les autres membres : leur attraction envers la meute s'avère plutôt superficielle, et quand ils réalisent que la tentative d'intégration est vouée à l'échec, ils trouvent beaucoup plus logique et pratique de se sauver que d'insister.
Le fils prodigue insiste généralement davantage et n'a pas d'autre moyen que de continuer à se coucher sur le dos le ventre en l'air pour essayer de rentrer dans les grâces du chef.

À mesure que le chiot grandit, les manifestations de soumission envers le chef deviennent moins éclatantes : mais une marque de respect demeure indispensable pour maintenir la paix au sein de la meute

LE CHIEN SE COMPORTE-T-IL ENCORE COMME UN LOUP ?

Nous avons vu que les loups (et les chiens sauvages) en viennent très rarement à l'affrontement final susceptible de provoquer la mort de l'un des deux. Chez les chiens domestiques, malheureusement, les choses s'avèrent plus compliquées.
Il convient de savoir ce qu'il en est exactement, car bon nombre de livres et de traités d'éthologie ou de psychologie canine ont tendance à identifier tous les chiens à ceux fortement « lupoïdes ».
Les races canines suivant aveuglément les règles d'une meute de loups sont en réalité relativement rares de nos jours et présentent par ailleurs en leur sein de grosses différences individuelles, souvent induites par l'homme.
Les races qualifiées de primitives et, plus généralement, celles les moins « gâchées » par la sélection ont effectivement encore un comportement très lupoïde : en cas de combat entre deux Huskies sibériens ou entre deux Chiens de Canaan, il est fort probable (mais pas sûr à 100 %) que le problème se réglera avec « plus de bruit que de besogne ».
Chez beaucoup d'autres races, en revanche, la sélection humaine a inhibé (plus ou moins volontairement) les signaux de soumission, de pacification, etc.
Dans certains cas (Teckels et Terriers, par exemple), la sélection a engendré un chien hypertéméraire pour éviter qu'il ne batte en retraite devant des bêtes plus grosses et plus féroces que lui : les signaux de soumission (et la propension à fuir) se manifestent donc nettement moins souvent que chez d'autres races.
Dans d'autres cas (Bulldog ou American Staffordshire Terrier), le but initial consistait – malheureusement – à obtenir des chiens prêts à s'entretuer pour la joie des parieurs. On a par conséquent sélectionné des sujets qui alliaient une mâchoire d'une extraordinaire puissance à une faible sensibilité à la douleur ; mais pour que les chiens se jettent aussi l'un sur l'autre, on a dû effacer les mécanismes d'inhibition de l'agression intraspécifique grâce, d'une part, à un dressage ciblé (et dévié, qui sera sévèrement puni par la loi) et, d'autre part, à un travail de sélection génétique.
Il n'est donc plus question aujourd'hui de compter sur la ritualisation quand une bagarre entre chiens éclate : tout dépend des races, mais également de la façon dont chaque sujet a été élevé et éduqué.

Chez les chiens sélectionnés pour le combat, comme cet American Staffordshire Terrier, on a sélectionné le courage, la puissance et un tempérament d'acier, des caractéristiques qui en font aujourd'hui des sujets exceptionnels... mais seulement entre les mains d'un bon maître

Les chiens de chasse au terrier comptent parmi les plus téméraires du monde canin

Les états d'âme du chien

Avant de continuer, il convient d'expliquer clairement les concepts d'agressivité et de peur, ainsi que ceux de domination et de soumission. Signalons tout d'abord que la peur n'est pas synonyme de soumission, et que l'agressivité ne va pas de pair avec la domination.
Examinons l'une après l'autre les significations réelles des termes qualifiant les différents états d'âme.

L'agressivité

Il s'agit de l'aptitude du chien à réagir instinctivement par la lutte à un stimulus menaçant dirigé contre lui-même, son territoire ou la personne qu'il aime. L'agressivité est une capacité naturelle qui ne saurait faire défaut chez le chien, même si elle s'avère davantage prononcée chez certaines races que chez d'autres.

L'agressivité intraspécifique

Cette impulsion se manifeste chez un sujet placé au contact d'un congénère. Elle aboutit non seulement à la lutte, mais aussi à l'amour. L'agressivité intraspécifique peut être considérée comme le ressort qui sous-tend la rencontre de deux sujets de la même espèce : ni bonne, ni mauvaise en soi, il s'agit d'un mécanisme d'activation.
Sans agressivité, les congénères ne se verraient même pas, ne remarqueraient pas leur présence réciproque, ce qui empêcherait tout type de relation sociale, bonne (amitié, amour, sexe) ou mauvaise (rivalité, conflit, lutte). Attention ce sont des interprétations humaines d'états d'âme qui, dans la nature, ne revêtent aucun sens moral. Ils existent, point final. Et nous devrions toujours nous en souvenir pour effectuer une analyse vraiment correcte du comportement animal.

La domination

Dicté par la confiance en soi, l'expérience et l'autorité, ce comportement social pousse un sujet à mettre ses capacités en évidence (par le biais d'expressions faciales et de postures corporelles précises) quand il se retrouve face à un congénère. Un chien dominant n'est pas forcément agressif : si son comportement incite l'autre sujet à se montrer soumis et s'il voit que son autorité est acceptée, aucun ressort combatif ne se déclenchera.
Deux attitudes dominantes opposées risqueront en revanche de provoquer un conflit, et donc une lutte, alors que deux comportements soumis auront probablement tôt fait, après un moment de perplexité, de se rejoindre dans le jeu.

La peur

On appelle peur l'ensemble des processus psychologiques et physiologiques engendrés par un ou plusieurs stimuli externes, susceptibles d'entraîner un phénomène de stress. Chez n'importe quelle espèce animale, la réaction instinctive (et congénitale) d'un sujet effrayé consiste à fuir. Quand la fuite s'avère impossible ou semble difficilement réalisable, le sujet peut réagir par une attitude de lutte.

La peur sociale

Elle se manifeste lorsque le phénomène de stress dérive d'un stimulus non pas général, mais inhérent à un membre de sa « propre » espèce (rappelons que le chien considère comme ses congénères aussi bien les autres chiens que les hommes). La peur sociale a trois issues possibles, au lieu de deux : la fuite, la lutte et la soumission.

LA SOUMISSION

Ce comportement social sert à exprimer l'assujettissement, la peur ou le respect envers un autre individu. La soumission peut être active ou passive. La soumission passive équivaut à la reddition totale du chien, qui se couche sur le dos et offre sa gorge à l'adversaire ; la soumission active se traduit par le comportement de pacification. La miction constitue une manifestation de soumission passive, moyennant quoi le chien émet également un signal actif. Il envoie en effet le message olfactif suivant : « Sens comme je suis petit : je ne peux pas rivaliser avec toi, par conséquent ne me fais pas de mal. » La miction de soumission subsiste parfois longtemps chez les chiens très peu sûrs d'eux et soumis : il convient de la soigner par le biais d'une thérapie comportementale appropriée, car sa persistance chez l'adulte dénote un état pathologique.

LA PHOBIE

Expression maximum de la peur, focalisée sur un seul facteur déclenchant. Un chiot mortellement effrayé par les traditionnels pétards du Jour de l'an risquera par exemple de développer une véritable phobie des bruits forts. Seule une thérapie comportementale appropriée permet de guérir les phobies. Attention : le terme d'hydrophobie sous lequel on désigne la rage n'est pas très pertinent dans le cas du chien. Le sujet victime de la rage n'a en effet pas du tout peur de l'eau : il est au contraire affligé d'une terrible soif, mais ne parvient plus à boire en raison de la paralysie progressive de sa mâchoire inférieure, qui rend la déglutition tout d'abord difficile et douloureuse, puis impossible. C'est la raison pour laquelle le chien peut sembler avoir « peur » de l'eau, alors que ce comportement traduit en réalité un conflit entre son envie spasmodique de boire et le souvenir de la douleur engendrée par un tel acte.

Un petit Husky sibérien soumis

L'HYSTÉRIE

On appelle hystérie canine (ou maladie de la peur) une pathologie assez rare, éventuellement causée par une carence en vitamine B, mais que des facteurs toxicologiques peuvent aussi provoquer. Au cours des crises, le chien tente de fuir, tremble et hurle avec angoisse, comme s'il se trouvait en présence d'un ennemi qui le terrorise, alors qu'il n'existe en réalité aucun danger.

Les lèvres plissées en avant dénotent une propension à la lutte ; celles plissées en arrière, une propension à la fuite

L'EXPRESSION DES ÉTATS D'ÂME DU CHIEN

L'agressivité

Le langage agressif comprend l'émission vocale du grognement et la mimique faciale consistant à plisser les lèvres pour découvrir les dents : en avant si le chien est davantage enclin à combattre, et en arrière s'il préfère se sauver.

La domination

La mimique corporelle tend à amplifier le physique (pattes raides, tête haute, queue en l'air). La mimique faciale se résume à des oreilles droites et un regard fixe. La posture du corps vise à surplomber physiquement l'adversaire, ce qui constitue un geste de domination parfaitement clair, tant pour le loup que pour le chien.

La peur

Parmi les signes de peur, citons la queue entre les pattes, les oreilles plaquées contre la tête, la miction en position accroupie (chez les mâles adultes). La combinaison des marques de peur et d'agressivité indique que le chien peut mordre d'un moment à l'autre.

La soumission

La mimique corporelle tend à rapetisser le physique (queue basse, voire cachée au milieu des pattes, corps s'abaissant jusqu'à ramper, etc.). La mimique faciale se traduit par des yeux mi-clos, un regard fuyant, des lèvres et des oreilles tirées en arrière. La soumission passive, on l'a dit, consiste à se coucher sur le dos, le ventre en l'air. La soumission active comprend différents gestes de pacification (donner de petits coups de museau, donner la patte, donner des coups avec son derrière).

Il existe par ailleurs des compromis entre la soumission active et passive, comme quand le chien abaisse l'arrière de son corps, mais envoie des signaux de pacification avec son museau ou sa patte. On peut alors parler de soumission semi-passive.

Chien prêt à l'attaque

La peur peut déboucher sur l'agressivité ou la fuite : les mimiques faciale et corporelle permettent de prévoir la réaction du chien

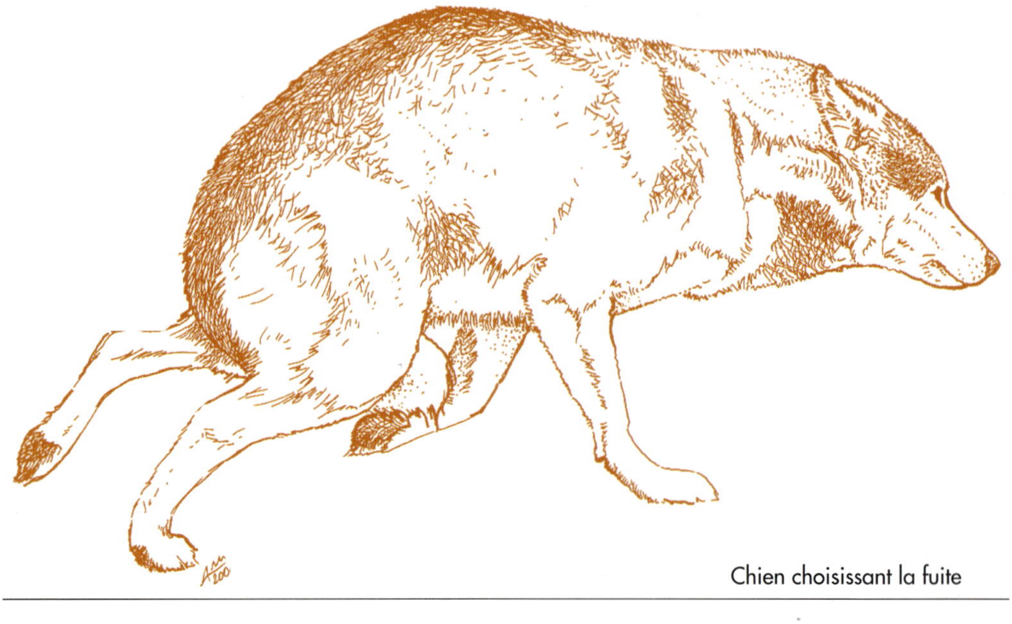

Chien choisissant la fuite

Les propriétaires ne savent pas tous identifier les signes de soumission active, ou de pacification

Surplomber physiquement constitue une marque de domination

Soumission semi-passive

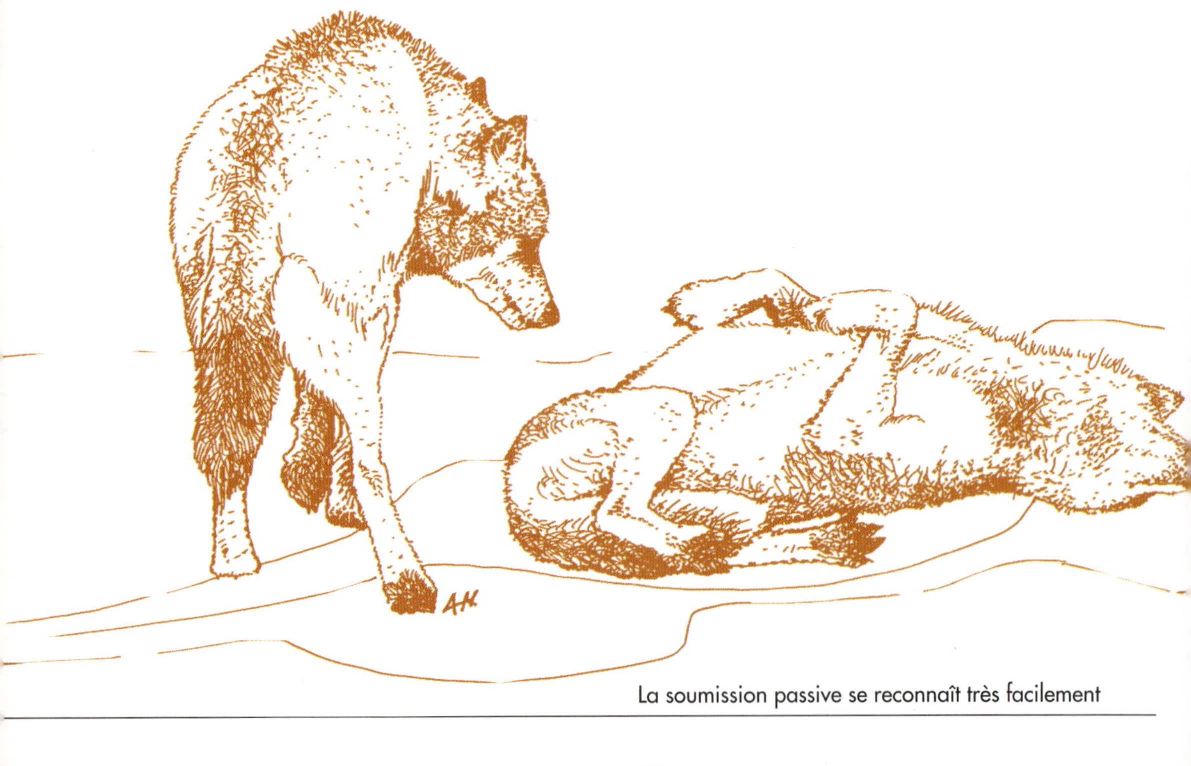

La soumission passive se reconnaît très facilement

LES CAUSES DE CONFLIT ENTRE CHIENS

Les chiens ne sont jamais fous (hormis de très rares cas de véritable pathologie) ou aveuglément agressifs. Quand ils en arrivent à l'affrontement physique, il y a toujours une bonne raison. Le fait est que ces raisons, parfaitement claires pour les deux adversaires, ne le sont pas forcément pour leurs maîtres. Examinons les facteurs les plus souvent à l'origine d'un conflit entre deux sujets.

LA TERRITORIALITÉ

Nous avons vu que les animaux sociaux ont d'excellentes raisons d'estimer que leur territoire est sacré et inviolable.
Pour le chien, comme pour le loup, le territoire correspond à l'espace où il vit, se nourrit et se reproduit. À l'instar du loup, le chien mâle marque les limites de ce territoire en urinant, tandis que pour la femelle, le territoire est l'espace délimité par l'odeur du mâle alpha. On en déduit que si le territoire équivaut sûrement pour le chien mâle à la maison du maître (avec, le cas échéant, le jardin attenant)... Le concept s'étend en outre à tous les espaces que nous lui permettons de s'approprier en levant la patte.
Pour la femelle, la situation s'avère légèrement différente : son territoire est celui où le chien mâle dominant (s'il en existe un dans la famille)... ou bien son maître, qui représente (ou devrait du moins représenter) pour elle le mâle alpha, « lève la patte ».
Cela signifie que si la femelle ne vit pas en compagnie d'un mâle dominant, elle aura tendance à s'approprier uniquement l'appartement qu'elle occupe... à moins que son maître n'ait l'habitude de faire pipi dans le jardin.
À l'inverse du mâle, elle ne considère pas du tout comme sien le jardin public où on l'emmène faire ses besoins, les rues de la ville ou le jardin des voisins à qui on rend visite, etc.
Par ailleurs, la femelle ne défend pas son territoire par la force (elle laisse cette tâche aux mâles), mais a pour devoir de prévenir les mâles au cas où un étranger s'approcherait trop.
Il en résulte que :
– les chiennes vivant exclusivement avec des personnes de sexe féminin développent généralement un faible sens de la territorialité, car nul ne marque leur espace ;
– les chiennes vivant avec des personnes ou des chiens de sexe masculin auront tendance à adopter une attitude de défense passive et d'avertissement (en aboyant), pour signaler l'arrivée éventuelle d'un étranger au sein du territoire marqué par le chef de meute, mais en limitant son intervention aux zones considérées comme la propriété effective de la meute, à savoir la maison et (parfois) le jardin, mais ni la rue, ni le jardin public, etc. ;
– le mâle sera enclin à adopter une attitude de défense active (et donc potentiellement agressive) à l'égard de tout étranger qui s'approcherait du territoire marqué par ses soins (et/ou par son maître, si ce dernier fait figure de supérieur hiérarchique). Il se montrera par conséquent protecteur à l'égard de la maison et du jardin, mais aussi des rues, des jardins publics et de tous les endroits où il aura levé plusieurs fois la patte.
La territorialité s'accentue ou s'atténue en fonction du nombre de mictions effectuées par le mâle, mais également du nombre de chiens différents qui marquent le même territoire (comme cela arrive dans les jardins publics). Il défendra donc avec davan-

tage d'acharnement les lieux marqués uniquement par lui, comme son propre jardin.
En flairant les coins et les arbres, le chien lit le « bulletin du club » pour savoir combien et qui sont les autres mâles partageant ce territoire avec lui : même si aucun congénère n'est en vue, il sait parfaitement qu'il s'agit d'une zone en « copropriété ». Un chien peut lire une énorme quantité d'informations dans une trace d'urine : en plus de déterminer exactement de quand elle date, il réussit à en déduire le sexe, l'âge, voire la condition physique de son auteur.
Il peut par conséquent déjà envisager de partager pacifiquement la zone ou prévoir d'en chasser (dès qu'il le rencontrera) un sujet qu'il assimile – pour un motif quelconque « inscrit » dans le l'urine – à un rival.
Conséquences pratiques : une bagarre entre mâles a très souvent une origine territoriale, même dans des endroits que le maître considère comme neutres (mais pas le chien, s'il les a marqués plusieurs fois). Une bagarre entre femelles n'éclate presque jamais pour des raisons territoriales.

LA DÉFENSE DE LA TANIÈRE

Il s'agit d'une variante de la territorialité, qu'il convient cependant d'examiner à part car elle concerne surtout les femelles. La chienne a en effet tendance à défendre activement le lieu où se trouve sa progéniture... mais aussi les endroits que pourrait occuper une éventuelle future portée.
Ces lieux vont de la corbeille à la niche, en passant par le lit du maître ou son fauteuil préféré (tout dépend de l'endroit où la chienne estime pouvoir mettre bas !).
Conséquences pratiques : il arrive parfois qu'un chien étranger – surtout si c'est une autre femelle – vienne chez nous avec son maître. Les deux femelles jouent gaiement dans le jardin et semblent bien s'entendre et s'apprécier. Puis, comme tout le monde rentre dans la maison, notre petite chienne se rend dans notre chambre à coucher et l'autre la suit avec confiance... et une bagarre complètement inattendue éclate alors. La raison peut résider justement dans le fait que la chienne considère notre lit comme sa tanière.
Pour éviter les problèmes, essayez toujours de comprendre quels sont les endroits que la chienne estime devoir protéger et empêchez tout contact avec d'autres chiens dans ces lieux spécifiques.

LA POSSESSIVITÉ

Outre leur territoire, les chiens défendent tout ce qu'ils consi-

C'est la possessivité, et non la territorialité, qui pousse le chien à défendre la voiture, à l'instar de ce Berger allemand

dèrent comme leur propriété privée, depuis leur os jusqu'à la voiture de leur maître. Cette attitude ne repose pas sur des problèmes de territorialité, comme on le croit parfois (le chien ne marque pas la voiture avec son urine !), mais sur la possessivité, justement. S'agissant des rapports entre chiens, la voiture du maître ne constitue presque jamais un facteur déclenchant, et ce aussi parce qu'il est rare que plusieurs chiens montent simultanément dedans. Quand cela arrive (comme dans le cas des chiens de chasse), ils sont généralement enfermés dans des cages et peuvent ainsi difficilement se quereller.

On voit beaucoup plus souvent éclater une bagarre pour la possession d'os, de balles, de bâtons et de tout ce que le chien pense s'être approprié et n'a pas envie de partager avec d'autres.

L'observation des groupes familiaux nous permet de comprendre que les adultes enseignent très tôt aux chiots qu'il ne faut pas toucher aux biens d'autrui. Le père accomplit en particulier le rite du tabou en plaçant un objet quelconque entre ses pattes (il s'agit la plupart du temps d'un simple caillou) et en fait voir de toutes les couleurs au chiot qui ose s'approcher, ne serait-ce que pour le flairer. L'agression est foudroyante et vraiment terrifiante, surtout pour ceux qui ne sont pas habitués à ce genre de scènes familiales.

J'ai vu une dame éclater en sanglots face à un jeu du tabou entre son chiot et... papa Bull Terrier : la scène du père fut tellement impressionnante (et les glapissements du fils tellement désespérés) qu'elle était convaincue de ne plus pouvoir arracher que des lambeaux de chiot de la gueule de l'adulte. En fait, le chiot s'en tira quelque peu couvert de bave... mais absolument indemne : bien qu'il ait complètement disparu dans la gueule du papa, aucun poil ne lui avait été arraché. En contrepartie, il avait appris une précieuse leçon, et la balle que papa tenait entre ses pattes perdit subitement tout intérêt.

Je ne saurais manquer de raconter une autre anecdote, car j'ai dressé dans les pages précédentes un portrait peu flatteur de mesdames les louves, en insinuant qu'elles étaient moins fidèles et moins dévouées que les mâles. Je dois dire à présent qu'elles sont en revanche plus malines et capables d'improvisations de génie face à des situations imprévues : elles me l'ont prouvé en diverses occasions, mais l'histoire de Frida et de Sam reste peut-être la plus éclatante.

La voici : Fritz, Berger allemand adulte, décide de faire le jeu du tabou avec Frida et Sam, chiots de la même race âgés de deux mois et issus de la même portée. Frida et Sam ne sont pas les enfants de Fritz, mais ce dernier l'ignore. Comme nous le verrons bientôt, le mâle adulte est persuadé que tous les chiots sont les siens, et c'est la raison pour laquelle il les éduque du mieux possible. Fritz reçoit donc de moi un biscuit, mais il ne le mange pas et décide de le déclarer tabou pour ses petits ; il se couche, met le biscuit entre ses pattes avant, fait semblant de rien et attend. L'attente ne dure pas longtemps : chiot Berger allemand rime avec « mort de faim chronique », si bien que le frère et la sœur se lancent presque immédiatement à l'assaut... et subissent en retour un traitement à base de cris sauvages et d'attaques faussement violentes, mais néanmoins convaincantes. Résultat : les deux chiots hurlent de désespoir, se couchent sur le dos, font sous eux, etc. Un rituel de soumission totale classique.

Dix minutes s'écoulent, et Fritz n'a toujours pas touché à son biscuit : c'en est trop pour Sam, qui retente l'expérience (on ne sait jamais) ; Frida se contente en revanche de regarder, en étudiant la situation. Sam essaye de prendre le biscuit, et la réaction de Fritz s'avère identique à la première (de même que celle de Sam, qui se sauve en hurlant et décide séance tenante qu'il a appris la leçon une fois pour toutes). Depuis ce jour, Sam n'aime plus les biscuits, les trouve répugnants et ne voudra certainement plus en entendre parler tout le reste de son existence !

Mais tandis que je savoure la scène en souriant et en pensant que les deux chiots n'ont plus besoin d'autres tabous, voilà que Frida entre en action : elle ne se dirige pas du tout vers le biscuit et fait au contraire mine de ne pas le voir. Elle va en réalité s'attirer les bonnes grâces de Fritz par la manœuvre de diversion la plus rusée (et la plus sournoise) à laquelle il m'ait été donné d'assister.

Frida s'approche en rampant, en signe de complète soumission, les yeux baissés et en laissant échapper quelques gouttes d'urine, juste pour établir *a priori* que l'adulte est le chef suprême et absolu et qu'elle accepte pleinement cet état de

Le jeu du tabou, moyennant quoi les mâles adultes apprennent aux chiots à ne pas toucher aux biens d'autrui fait. Ce comportement s'avère absolument normal chez les chiots qui ont reçu une leçon de savoir-vivre : Fritz est effectivement inhibé par ces signaux de pacification qui consistent à mettre les mains – pardon, les pattes – en avant pour se protéger. Il regarde la petite chienne sans plus l'attaquer et accepte ses signaux : mais quand elle s'approche de nouveau de la zone biscuit, il l'avertit d'un sourd raclement de gorge. Les choses deviennent alors un peu moins normales que d'habitude.

Dès que Fritz émet son grognement sourd... Frida, au lieu de s'en aller comme je m'y attendais, multiplie ses signaux de soumission et rampe littéralement vers le chef en lui couvrant le museau de baisers, en se jetant ensuite sur le dos et en lui offrant sa gorge : au point que Fritz cesse complètement de grogner et prend un air mi-perplexe, mi-flatté.

Cela dure au moins cinq minutes, mais tandis que l'adulte se calme, désormais convaincu de devoir exclusivement ces hommages à son statut de chef... la petite chienne commence à jouer de la patte en donnant des coups de plus en plus forts au biscuit, qui finit par s'écarter d'un bon mètre de Fritz.

Frida arrête alors brusquement de « cirer les bottes » de l'adulte : elle saute sur ses pattes, s'empare du biscuit et se sauve à deux cents à l'heure en arborant l'air le plus satisfait qu'un museau de chiot puisse revêtir.

Quant au museau de Fritz... cette histoire date de plus de vingt ans, mais je crois ne jamais avoir vu depuis une mine aussi expressive. Si une bulle était apparue au-dessus de sa tête avec la mention « Sapristi, elle m'a eu ! », le concept n'aurait pas été plus clair.

Alliée à celle, plus « classique », concernant le « jeu du tabou », cette anecdote nous apprend plusieurs choses :

– la possessivité à l'égard d'un objet (à la différence de la territorialité) se manifeste au sein d'un champ d'action limité, équivalant plus ou moins à celui que le chien décrit avec son museau sans bouger ses pattes ;

– l'agressivité déclenchée par la possessivité, plus immédiate et intense que celle inhérente à la territorialité, revêt une forme ritualisée uniquement avec les chiots, et peut déclencher une véritable bagarre, parfois sanglante, entre adultes ;

– le sexe ne joue pas un rôle déterminant dans la réaction agressive, car les mâles s'avèrent aussi possessifs que les femelles. En général, cependant, le mâle est plus enclin à renoncer quand il comprend qu'un objet appartient à un autre chien, alors que la femelle, plus têtue, risquera de le vouloir à tout prix (en allant parfois jusqu'au combat, dans le cas de sujets adultes).

Conséquences pratiques : faire jouer deux chiens avec une seule balle (surtout si cette dernière appartient à l'un d'entre eux) peut provoquer un conflit même entre de vieux amis : mieux vaut l'éviter.

Les chiens défendent parfois certains objets qu'ils trouvent par hasard (un bâton, par exemple), mais en arrivent alors rarement au combat. Quand une bagarre éclate, elle a presque toujours une origine hiérarchique, et la possessivité sert simplement de prétexte.

LES CONFLITS HIÉRARCHIQUES

Ces conflits surgissent plus facilement entre des chiens qui appartiennent aux races les plus lupoïdes, où la hiérarchie revêt une importance primordiale.

La bagarre oppose en général deux mâles et peut également survenir en terrain neutre, dès lors qu'une femelle en chaleur s'avère présente (rivalité sexuelle).

Elle dérive aussi parfois de ce que l'on a l'habitude d'appeler la jalousie à l'égard du maître (qui a peut-être caressé trop longtemps l'autre chien). En réalité, il ne s'agit pas véritablement de jalousie au sens humain du terme, car le chien ne se sent pas négligé ou moins aimé si son maître se montre plein d'attentions pour l'autre sujet : la vraie raison réside uniquement dans la position hiérarchique.

Dans la meute/famille, le chien a acquis un rang X (qui peut se situer juste après le maître, après le maître et son épouse, après l'épouse et les enfants, etc.). Quand un autre chien bénéficie des attentions du chef de meute, notre ami à quatre pattes n'a pas de souci d'orgueil ou de sentiments blessés : il pense simplement que la meute va s'agrandir (les concepts de connaissance fortuite et d'amitié impromptue demeurent bien entendu hors de sa portée) et se demande s'il continuera d'occuper le rang X (ce qui ne le perturbe pas le moins du monde) ou s'il risque de descendre au

Répartir équitablement les caresses constitue le meilleur remède contre la jalousie

rang X - 1 (ce qui le bouleverserait, ô combien !). Pour le savoir, notre chien n'a pas d'autre moyen que de défier le rival potentiel afin de connaître ses intentions : se soumettra-t-il de bonne grâce, ou bien envisage-t-il de lui prendre sa place ?
Le défi est alors lancé : poil hérissé, grognement sourd, posture dominante avec la queue haute et les pattes raides.
Tout dépend ensuite de la façon dont l'autre sujet réagit. S'il affiche un comportement soumis, le problème est résolu et le maître pourra le caresser à loisir dans l'indifférence totale de son chien (ce qui prouve qu'il ne s'agissait pas vraiment de « jalousie »). Si, en revanche, l'autre sujet adopte lui aussi une attitude dominante, le défi est relevé... et la bagarre éclate.
Conséquences pratiques : les bagarres d'origine hiérarchique s'avèrent assez fréquentes chez les chiens domestiques, surtout lorsqu'ils ont l'habitude de dominer d'autres chiens ou des membres de la famille humaine. Dans l'exemple susmentionné, nous avons évoqué seulement l'état d'âme de l'un des deux adversaires, inquiet du fait que sa position hiérarchique puisse s'aggraver, mais la même pensée pourrait traverser l'esprit des deux chiens. Aucun n'acceptera alors de se soumettre et l'on arrivera inévitablement aux voies de fait. Les conséquences seront soit insignifiantes, soit dramatiques, de sorte que la prévention constitue toujours la meilleure solution : il ne faut jamais donner à son chien une bonne raison d'imaginer que sa position hiérarchique est en danger.

LA DÉFENSE ACTIVE DUE À L'IMPOSSIBILITÉ DE FUIR

La peur constitue un état d'âme inné chez tous les êtres vivants : sans peur, il n'y aurait pas connaissance du danger, si bien que ce sentiment devient fondamental pour la survie.
Dans des conditions normales, cependant, la première réaction à une sensation de

peur consiste à fuir : quand la peur déclenche une réaction agressive (qu'il serait ici plus correct d'appeler défense active), c'est souvent uniquement parce que la fuite s'avère impossible.

On croyait autrefois qu'un chien de garde devait être attaché à une chaîne, de préférence courte, car on avait relevé une agressivité accrue chez les sujets réduits à cet état.

En réalité, la chaîne courte n'augmentait pas l'agressivité des chiens, mais seulement leur réaction défensive : tant et si bien que si le voleur parvenait, d'une manière ou d'une autre, à libérer le féroce chien de garde, ce dernier préférait se sauver ventre à terre plutôt que de l'affronter.

Grâce au ciel, il est aujourd'hui très rare de rencontrer des personnes qui appliquent encore ces méthodes barbares pour avoir un bon gardien : mieux vaut en effet (par souci également d'efficacité !) jouer la carte de la territorialité.

La réaction défensive à la peur se produit en revanche souvent quand deux chiens en laisse se croisent : si l'un des deux adopte une attitude dominante et si l'autre n'a pas l'intention de se soumettre, mais ne peut pas non plus fuir, la lutte reste l'alternative.

Cela arrive :

– lorsque l'un des deux chiens se trouve sur son territoire, et que l'autre est considéré comme un intrus ;

– quand les deux chiens se sont déjà affrontés auparavant ;

– quand l'un des deux chiens inspire de la crainte à l'autre par sa conformation physique.

Les chiens ne savent pas toujours qu'ils sont... tous des chiens : ils peuvent le découvrir grâce à leur odorat, mais parfois – exactement comme chez les personnes – l'émotion les submerge et les empêche de raisonner. Un Cocker qui a toujours vécu à la maison avec ses maîtres et qui, en sortant faire ses besoins, n'a jamais rencontré que le petit Caniche du voisin risquera ainsi d'avoir une réaction inconsidérée le jour où il croisera par hasard un Saint-Bernard. Il ne se dira pas : « Tiens, voilà un chien d'une race différente de la mienne : allons le flairer un peu pour savoir de quoi il retourne »... mais probablement quelque chose du genre : « Au secours, un monstre ! »

Notre Cocker pensera uniquement à fuir, mais la laisse l'en empêchera, ce qui pourrait très bien déclencher une attaque soudaine et apparemment injustifiée (surtout quand on sait que le Saint-Bernard est une vraie crème de chien).

Conséquences pratiques : dans l'exemple précédent, la réaction s'avère, du point de vue du Cocker, parfaitement motivée et compréhensible.

Les chiens en laisse se voient souvent contraints de se battre faute de pouvoir s'enfuir, comme dans le cas de ces Huskies sibériens

Voilà pourquoi une socialisation correcte entre chiens revêt tant d'importance.

LES AUTRES TYPES D'AFFRONTEMENTS POSSIBLES

Parmi les facteurs susceptibles d'influencer les modalités de conflit entre chiens, il faut compter non seulement la race, le degré néoténique ou le caractère de chaque sujet, mais aussi le nombre d'individus concernés, leur sexe et leur âge. Nous nous sommes jusqu'ici intéressés principalement aux rapports entre deux mâles adultes, car ce sont en réalité ceux qui se trouvent le plus souvent à l'origine d'une bagarre. Il convient néanmoins d'analyser en détail les autres cas possibles également.

Le mâle et la femelle

Disons tout de suite qu'un mâle et une femelle ne devraient théoriquement jamais en arriver à l'affrontement sanglant, mais que cela se produit parfois.
Il est vrai que le mâle (à moins d'avoir été démoli par l'influence de l'homme, comme nous le verrons plus tard) n'attaque jamais une femelle pour la blesser ou la tuer : il peut se jeter sur elle si, par exemple, elle attente à sa balle ou à son écuelle, mais il s'agira d'une simple scène démonstrative, sans la moindre intention meurtrière.
À l'inverse, une femelle peut attaquer un mâle avec davantage de « méchanceté » et finir par le blesser. Cela survient surtout quand les chiennes ne sont pas en chaleur et subissent les assauts incessants du « maniaque sexuel » de service, mais aussi pour des raisons impromptues (comme celle décrite précédemment, à l'origine d'une bagarre entre madame Berger allemand et monsieur Rottweiler : l'issue du combat – un morceau d'oreille arraché – n'était sûrement pas préméditée, mais les maîtres en ont quand même eu une attaque).
En général, cependant, les rapports internes à des couples de sexe différent sont idylliques et l'on peut presque en toute sécurité lâcher les chiens et leur permettre de jouer ensemble. Intervenez uniquement si vous notez que le mâle n'a qu'une idée en tête et que la femelle commence à en avoir assez.

La femelle et la femelle

Nous avons déjà parlé du rapport entre deux femelles à propos des motifs de conflit : elles en ont beaucoup moins que les mâles, et c'est la raison pour laquelle elles se querellent assez rarement... mais quand cela arrive, elles deviennent de véritables furies (à arrêter au plus vite). Il s'avère en principe plus facile de raccommoder une amitié brisée entre deux femelles qu'entre deux mâles.

Le groupe et la meute

Groupe de chiens n'est pas synonyme de meute, même en ce qui concerne les races les plus lupoïdes et socialement les plus évoluées.
Le terme meute sous-entend en effet tout un ensemble de rapports beaucoup plus complexes que ceux susceptibles de s'instaurer entre cinq ou six chiens lâchés ensemble dans un jardin public, sans jamais qu'ils se soient vus auparavant.
Le groupe de chiens qui ne se connaissent pas fait normalement preuve d'une extrême prudence dans ses manœuvres d'approche (ils ne sont quand même pas idiots !). Incapable de savoir que les autres sujets ne sont pas non plus liés entre eux, chaque chien se sent comme un loup en train d'aborder une meute étrangère : à moins d'être un fou téméraire par nature ou par éducation, chaque individu se tient par conséquent « à carreau ».
Conclusion : on peut pratiquement toujours lâcher plusieurs chiens inconnus ensemble sans qu'il se passe rien (alors que deux mâles du même groupe laissés tout seuls ensemble risqueraient de s'égorger).
Autre élément à prendre en compte : quand une querelle éclate au sein d'un groupe d'inconnus, les autres sujets s'en désintéressent la plupart du temps. Mais si la même dispute survient au sein d'une meute ayant des rapports sociaux déjà solidement établis, les autres membres auront tendance à se ranger du côté du sujet le plus dominant, en rendant la position du chien pris au milieu très dangereuse.
Résultat pratique : lorsqu'un groupe de chiens et de maîtres se retrouvent pour la première fois au jardin et que tous les chiens sont lâchés, il y a de grandes chances pour

Il ne s'agit pas d'une meute, mais de plusieurs duos chien-maître : la différence est énorme

qu'ils s'entendent (quelques reniflements, poils hérissés et grognements çà et là... mais rien de plus grave).
Si les mêmes chiens et les mêmes maîtres continuent en revanche de se rencontrer à ce qui devient un rendez-vous fixe, les chiens seront inévitablement enclins à instaurer des rapports sociaux et hiérarchiques, finissant par former une meute. C'est alors que tout change !
Une hiérarchie précise s'installera, des conflits sociaux naîtront... et l'éventuelle simple escarmouche en tête à tête du premier jour pourrait bien se transformer, deux mois plus tard, en un sanglant tous contre un.
Le cas de chiens qui se voient tous les jours (au jardin public des environs ou sur le terrain d'entraînement), mais qui n'ont jamais l'occasion de s'affronter sur le plan hiérarchique s'avère encore différent. Il ne faut surtout pas commettre ici l'erreur de les considérer comme une meute mixte d'hommes et de chiens, car il s'agit au contraire d'autant de... minimeutes (au format duo chien-maître).
Il n'est écrit nulle part que ces minimeutes doivent se lier d'amitié : du point de vue canin, au contraire, un conflit territorial se crée. S'il est donc quasiment sûr que l'élément humain du couple n'aura aucun mal à devenir ami avec ses homologues, il est tout aussi normal que les éléments canins n'éprouvent aucune sympathie les uns envers les autres.

L'adulte et le chiot

Les rapports adulte-chiot dépendent étroitement de la manière dont l'adulte a vécu les premiers mois de son existence. Les chiens adultes seront en particulier d'autant plus équilibrés à l'égard des chiots qu'ils auront pu grandir avec leurs deux parents (ou bien avec leur mère et un autre mâle adulte). La socialisation intraspécifique dont le sujet a fait l'objet dans sa jeunesse revêt également une importance capitale.
Ceci dit, un mâle adulte équilibré, correctement élevé et dûment socialisé s'avère toujours un excellent éducateur, doué d'une patience quasi infinie avec les chiots. S'il semble parfois les agresser férocement, il est probable qu'il soit seulement en train de leur apprendre la politesse : les chiots sortiront en effet toujours indemnes de ses attaques furieuses.
Une femelle est malheureusement beaucoup moins prévisible : autant elle se montre maternelle et patiente avec ses petits, autant elle peut devenir agressive envers des chiots inconnus.
Mieux vaut donc toujours apprécier le comportement d'une femelle adulte avant de lui permettre de jouer avec un très jeune chiot, et surveiller attentivement les jeux même quand elle s'est montrée amicale. À partir du qua-

Pour un mâle qui a eu ne serait-ce qu'un seul rapport sexuel dans sa vie, tous les chiots qu'il voit sont les siens

trième ou du cinquième mois, le chiot cesse généralement de susciter la moindre agressivité chez la femelle adulte. Pourquoi le mâle et la femelle ont-ils des attitudes si différentes ?
Encore une fois, il n'est pas question de bonté ou de méchanceté : le fait est qu'une femelle est en mesure de reconnaître sa progéniture, contrairement à un mâle.
Le mâle ne suit pas la portée durant les premiers jours de son existence et ne peut distinguer un chiot d'un autre ni par son aspect, ni par son odeur. Après avoir couvert une femelle, chaque mâle s'estime en outre élevé au rang de mâle alpha, à savoir d'unique mâle de la meute autorisé à avoir des rapports sexuels.
La conséquence est que tous les chiots qu'il rencontre sont, à son avis, ses enfants !
C'est la raison pour laquelle, en principe, il ne les attaque pas, supporte leurs pires misères et se sent le devoir de les éduquer et de les protéger.
Il en va autrement pour la femelle : elle sait pour sa part très bien quels sont ses chiots. Selon la logique de la chienne, les chiots d'autrui devraient rester avec leur mère, faute de quoi elle les considère comme des orphelins et manifeste généralement un total désintérêt à leur égard. Chez les loups, il arrive souvent qu'une parente de la mère adopte les petits orphelins (il s'agit la plupart du temps d'une sœur, de sorte qu'en éthologie on appelle tantes toutes les mères de remplacement), mais chez les chiens ce comportement parental a presque entièrement disparu.
Quand les chiots orphelins (du point de vue de la chienne) viennent la déranger, il est possible qu'elle les envisage comme d'éventuels rivaux de ses propres enfants (même si à ce moment précis, elle n'a pas de petits, car une chienne se sent toujours une mère en puissance et agit comme telle) et juge parfaitement légitime de les agresser.
L'instinct prédateur se trouve à l'origine d'un autre cas d'agression d'un adulte contre un chiot. Il concerne aussi bien les mâles que les femelles, et survient en général chez des sujets peu habitués à leurs semblables, à la faible socialisation canine.
Le chiot – ou le chien de taille réduite – n'est alors tout simplement pas reconnu en sa qualité de chien : pour l'adulte, il s'agit plutôt d'une petite chose inconnue qui se déplace rapidement, ce qui stimule dans n'importe quel esprit canin le concept de proie potentielle.
J'ai personnellement fait les frais (en éprouvant la peur de ma vie, même si l'affaire s'est heureusement bien terminée) d'une expérience de ce type : à l'époque où j'élevais des Huskies, je fis l'acquisition d'un bébé Bichon maltais de sexe féminin pour ma mère qui voulait un petit chien pour elle toute seule.

Tatiana, le bébé en question, vécut tout d'abord à la maison, sans avoir de contacts avec ma meute. Le programme de vaccination une fois arrivé à son terme, je l'emmenai dans le jardin en présence de Stormy Cloud, une femelle Husky très gentille avec les autres chiens, qui ne m'avait jamais causé le moindre souci car elle paraissait ignorer le sens du mot bagarre.
Comme tous mes chiens, Stormy avait été largement socialisée envers ses congénères car elle était née et avait vécu en meute : mais la meute se composait exclusivement de Huskies et elle n'avait jamais vu de Bichon maltais de sa vie.
Résultat : quand Tatiana lui passa devant à deux cents à l'heure (la seule façon de se déplacer qu'elle connaissait), Stormy bondit sans prévenir à sa poursuite, la rejoignit et la mordit dans le but très clair de n'en faire qu'une bouchée.
La suprise m'avait paralysée au point que je tardai à crier « Non ! », mais heureusement, Tatiana avait déjà émis un *Kaï !* franchement canin et Stormy l'avait littéralement recrachée, d'un air rempli de points d'interrogation. « *Kaï* ? Ça a fait *kaï* ? Mais alors, c'est un chien ! », semblait penser la chienne Husky, même si ses yeux n'arrivaient pas encore à la convaincre.
Je continuai de courir vers elles (et je serais arrivée largement trop tard si les choses avaient tourné différemment), mais je n'avais désormais plus aucune raison de m'inquiéter : Stormy s'était en effet mise à flairer avec beaucoup d'intérêt le derrière de Tatiana qui hurlait, et découvrait qu'il s'agissait vraiment d'un chien. Ce fait une fois établi, Stormy commença elle aussi à pleurer car elle s'était rendue compte qu'elle avait commis une grosse bêtise, et à mon arrivée, elle se renversa, profondément navrée, en signe de reddition et de plates excuses. Je n'avais cependant pas le temps de discuter de cela avec elle. Je dus courir avec Tatiana chez le vétérinaire, qui diagnostiqua la fracture d'une côte.
Comme je l'ai dit, cet épisode eut une fin heureuse (la petite chienne guérit complètement en l'espace de deux semaines), mais sans ce glapissement providentiel, je crains que je n'aurais plus de Bichon maltais : une autre morsure aurait suffi et la disparité des forces en présence (22 kg contre à peine 1,5) aurait provoqué une tragédie.

L'INSTINCT PRÉDATEUR

Le loup et son descendant le chien sont des prédateurs : cela signifie que, pour survivre, ils doivent être en mesure de débusquer, de poursuivre et de tuer des animaux d'espèce différente, plus petits (lapins et lièvres, par exemple) ou beaucoup plus gros qu'eux (cerfs, élans, etc.).
L'instinct prédateur (qu'il serait plus correct d'appeler pulsion prédatrice) s'avère profondément enraciné chez les canidés, comme toutes les pulsions servant à garantir la survie ; la sélection pourra accentuer ou atténuer ces caractères, mais jamais les inhiber complètement, car ils font partie de la nature canine. En matière de prédation comme en matière sexuelle, le comportement est régi par un grand nombre de gènes et semble renvoyer à divers loci (fragments de la molécule d'ADN) de chaque gène.
La pulsion prédatrice s'amorce sous l'action d'un stimulus susceptible d'engendrer chez le chien un véritable besoin de poursuivre et de capturer : dans la nature, ce stimulus consiste presque exclusivement en un animal d'une espèce différente qui se déplace rapidement.
Le chien domestique (hormis ceux de chasse) n'a cependant presque jamais l'occasion d'assouvir naturellement cette tendance à la prédation : c'est la raison pour laquelle il a parfois recours à des soupapes d'échappement, en assimilant la proie à des objets qui ne sont en réalité pas comestibles, mais qui se déplacent vite. Tel est le mécanisme sur lequel repose les courses après les vélomoteurs, les voitures, les bicyclettes, etc.
Le chien aura encore plus tendance à choisir pour proie les animaux qu'il ne doit pas manger en vertu uniquement de nos règles, mais qui représentent pour lui la victime idéale car ils sont de petite taille, courent à une vitesse accessible et ne disposent pas d'armes défensives particulièrement efficaces : c'est le cas des poules, des lapins et des chats.
S'il ne les a jamais rencontrés pendant la phase de socialisation et n'a pas appris qu'ils appartiennent au genre humain, le chien poursuivra également les enfants, surtout si ces derniers se sauvent en criant à sa vue.
L'instinct prédateur s'avère très utile pour dresser le chien

Le dressage du chien de défense repose sur l'instinct prédateur, et non pas sur l'agressivité

à accomplir diverses tâches : outre la chasse (à l'évidence), il intervient aussi dans l'apprentissage de la défense, qui s'enseigne en stimulant non pas l'agressivité – comme certains le croient encore –, mais la pulsion prédatrice, justement. On incite les jeunes chiens à mordre en faisant danser devant leur museau un sac animé par l'assistant qui simule ainsi les comportements de fuite typiques de la proie.
Après le sac, on passe au boudin, puis à la manchette, en s'arrangeant toujours pour que le chien ait envie d'attraper et de mordre l'objet-proie. Au terme de l'exercice, en effet, le boudin ou la manchette lui sont offerts en récompense pour qu'il puisse les « tuer » (ce qu'il fait systématiquement en les secouant et en les mâchonnant avec une satisfaction manifeste). La balle, qui devient pour de nombreux chiens en phase de dressage la récompense la plus convoitée, représente elle aussi une proie. Plus que d'un mécanisme de remplacement, néanmoins, on peut davantage parler dans ce cas de néoténie, à savoir de maintien d'une caractéristique infantile.
Comme nous l'avons dit plusieurs fois, les chiots apprennent toujours par le jeu et, dans la nature également, améliorent la gestion de leur comportement de prédateurs en se servant de petits objets qui roulent quand ils les poussent (pierres) ou qui sont agités par un autre chiot (brindilles, par exemple).
Continuer à désirer follement ces menus objets (balles et boudins, pour le chien domestique) équivaut à rester au stade psychologique du chiot, comme cela se produit en réalité chez nos chiens néoténiques. Les races situées le plus haut sur l'échelle néoténique (comme les lévriers et les chiens nordiques) manifestent généralement un très faible intérêt pour la balle dès qu'ils ont franchi l'étape de l'enfance, même s'il s'avère possible d'entretenir leur intérêt pour le jeu en faisant comprendre au chien que la balle est un intermédiaire permettant de bénéficier des attentions du maître.
Utile à l'homme, l'instinct prédateur n'a été inhibé chez pratiquement aucune race canine. Cela signifie qu'il est toujours prêt à se manifester, et ce de façon parfois malvenue. Le maître du chien devrait toujours prévenir les actions visant de mauvaises proies, en fixant de véritables tabous à l'égard de ces dernières. Le chien doit savoir que le fait de se comporter en prédateur vis-à-vis de chats, de petits oiseaux, d'enfants, de voitures, etc., déplaît au maître :

pour obtenir ce résultat, il suffit de présenter ces stimuli au chiot et d'intervenir par un « Non ! » sec dès que l'animal esquisse une attitude prédatrice.

LES CONFLITS ENGENDRÉS PAR LE MAÎTRE

L'homme non seulement a influencé au sens large le comportement canin (par la sélection), mais il peut également influencer au sens strict l'évolution d'un rapport entre deux chiens.
Et il le fait presque toujours quand les deux chiens vivent au sein de la même famille.
L'homme commet très souvent une erreur gravissime liée, encore une fois, à l'anthropomorphisme : il a tendance à se ranger du côté du plus faible, en prenant le contre-pied absolu de mère Nature qui, attachée à l'espèce et non pas à l'individu, se range inévitablement du côté du plus fort.
Voici un exemple de comportement humain aussi fréquent qu'incorrect : les deux chiens de la maison se sont toujours bien entendus, car le second est arrivé quand le premier était adulte. Le chiot a donc grandi avec la conviction qu'il avait un chef de meute (le maître) et un supérieur hiérarchique (l'autre chien). Mais en prenant de l'âge, et tout en reconnaissant l'autorité indiscutable du maître, le jeune sujet commence à penser que l'autre supérieur ne l'est peut-être plus autant que cela, car il est devenu lui aussi plus grand et plus fort.
Il tente par conséquent de le provoquer, et le chien plus âgé réagit bien entendu pour imposer son autorité : il se jette sur le plus jeune et ce dernier, qui n'est finalement pas tellement sûr de lui, se couche sur le dos en pleurant.
Dans la nature, l'affaire se serait terminée là, avec le rétablissement de rôles parfaitement définis inaugurant une nouvelle période de cohabitation pacifique.
Mais voilà que le maître entre en scène... et que fait-il à la vue de cet épisode ? Il gronde (ou même frappe) le chien plus âgé parce que l'autre – pauvre petit ! – se trouve dans un état d'infériorité manifeste et qu'il se sent le devoir de le défendre.
Résultat : le jeune chien, qui avait décidé d'accepter de nouveau la suprématie de l'autre, se ragaillardit complètement en pensant que le chef de meute est de son côté. Et à la première occasion, il cherchera encore la bagarre.
Le chien adulte réalise pour sa part que le maître a mis en doute son rôle hiérarchique, ce qui lui déplaît considérablement !
Si l'adulte est un sujet seulement partiellement dominant, il pourra alors réagir en se renfermant en lui-même et en souffrant dans son nouveau statut de dégradé. Il n'osera pas défier le maître, mais exprimera son stress à sa manière (en aboyant ou en régressant à des stades infantiles : uriner dans la maison, ronger les meubles et autres bêtises du même genre).
S'il s'agit en revanche d'un sujet très dominant, il finira éventuellement par provoquer le maître en attaquant son rôle hiérarchique pour essayer de reprendre la situation en main. Cela se passera soit en douceur (désobéissances, révoltes, etc.), soit de façon sanglante (grognements contre le maître... ou pire).
Dans tous les cas, comme on peut le constater, il aurait mieux valu que l'homme se soit mêlé de ses affaires. La meilleure solution consistait à adopter l'un de ces deux comportements :
– ignorer l'épisode. Il s'agit d'une réaction parfaitement naturelle car, très souvent, le chef de meute regarde avec dédain les accrochages du menu fretin et évite de s'en mêler ;
– intervenir, mais pour appuyer le chien dominant. Un retentissant « Va coucher ! » adressé au plus jeune suffit alors pour lui faire comprendre que l'idée consistant à défier l'autre était très mauvaise (au point que le « mégadirecteur galactique » de la meute a dû se déranger pour le redire). Le plus jeune saisira le message et le plus âgé n'aura aucune raison de s'acharner : en plus de rétablir une hiérarchie, on aura ainsi désamorcé la bagarre en cours.

COMMENT GÉRER UNE BAGARRE DE CHIENS ?

Un maître responsable devrait toujours avoir pour principal souci d'éviter les bagarres, moyennant la prévention des cas de conflit potentiels. Malgré toute la meilleure volonté du monde, il arrive (souvent !) que le propriétaire d'un chien se retrouve impliqué dans une querelle. Nous allons tout d'abord essayer de cerner les éventuelles conséquences théoriques des différents types de bagarre (qui dépendent aussi bien des motivations que des forces en présence). Et nous évoquerons juste après la façon d'intervenir dans la pratique.

De la théorie...

Une bagarre d'origine hiérarchique devrait se résumer à une scénographie, surtout si les deux chiens se situent tout en haut de l'échelle néoténique.
Une bagarre d'origine sexuelle peut au contraire devenir très grave : les loups eux-mêmes ne plaisantent plus – et finissent parfois par se blesser – quand il s'agit de conquérir la femelle alpha.
Rappelons que les chiens les plus à risque sont ceux qui occupent le premier barreau de l'échelle néoténique, mais dans la mesure où ces sujets ne sont pas des chiens ayant le sens de la hiérarchie, il est vraiment rare que la position hiérarchique constitue la cause de l'affrontement.
Les bagarres qui éclatent pour des raisons territoriales s'achèvent généralement vite, car l'intrus sait qu'il a tort et choisit presque toujours la fuite : il faudrait un motif très puissant pour qu'il s'obstine à vouloir envahir le territoire d'autrui (la présence d'une femelle en chaleur dans les environs, par exemple).
Dans les bagarres liées à la possessivité, le sexe des adversaires joue un rôle déterminant : les mâles finissent en principe par les ritualiser, tandis que les femelles se montrent parfois prêtes à s'entre-déchirer littéralement pour la possession d'une pierre ou d'une branche trouvée dans la forêt. On peut présumer que la défense de l'objet revêt, dans l'esprit de la femelle, les mêmes connotations que la défense des chiots et déclenche par conséquent un degré de violence maximum.
Les bagarres inhérentes à des réflexes de défense active sont imprévisibles, car le chien dans l'incapacité de fuir se sent en réalité inférieur à l'autre : s'il se voit contraint d'attaquer, il le fait donc avec la force du désespoir.
Comme on l'a dit, certaines races ont été sélectionnées exprès pour obtenir l'agressivité intraspécifique maximum et le niveau d'inhibition minimum. C'est le cas des races ayant des antécédents historiques, comme les chiens de combat (contre d'autres chiens ou des animaux différents). Quand je parle d'antécédents historiques, je n'entends pas ignorer le fait que les combats de chiens – malheureusement – existent encore ; je me réfère en revanche au fait que tous ces chiens, à condition d'avoir été élevés et sélectionnés correctement, ont complètement oublié leur passé et peuvent aujourd'hui s'avérer des animaux de compagnie d'une extrême douceur, absolument sans danger pour l'homme ou leurs congénères.
Ceci dit, il ne faut pas non plus tomber dans l'erreur qui consiste à voir le monde (humain et cynophile) comme un film de Walt Disney : la vie en rose des contes n'a (malheureusement) pas cours dans la nature. Et encore moins dans la société des hommes. Une race – sur laquelle la sélection a œuvré parfois durant des siècles en s'efforçant d'obtenir certains résultats, pour ensuite changer d'avis et commencer à opérer (pendant vingt ou trente ans) en sens inverse... – ne se retourne pas comme un gant simplement parce que maintenant, cela nous arrange.
Nous pourrions arriver assez vite à ce que les chiens cessent de se jeter tête baissée contre le moindre de leur semblable. En éduquant et en socialisant au mieux chaque sujet, nous pourrions même arriver à ce qu'il joue avec ses congénères : mais il n'est pas toujours facile de deviner toutes les motivations à l'origine d'une bagarre, et donc de prévenir cette dernière. Par ailleurs, tout en admettant – à juste titre – que beaucoup d'anciens chiens de combat ont nettement modifié leur attitude à l'égard de leurs congénères... on ne saurait en conclure d'emblée que, provoqués ou agressés, ils ne réagiraient pas.
Le chien, exactement comme l'homme, raisonne lorsque tout va bien et qu'il a la tête froide. Mais quand il s'emporte, alors là, il peut lui aussi perdre la tête.
Il suffit de penser à ce qui se produit en nous si quelqu'un se fiche de nous, nous provoque ou nous frappe : sommes-nous toujours en mesure de maîtriser nos réactions ?
La réponse est « non » pour 99 % des personnes (le 1 % restant se composant de saints et de martyrs). Pourquoi devrions-nous donc exiger du chien ce que nous-mêmes, avec tout notre bon sens d'êtres « supérieurs », nous ne sommes pas capables d'assurer ?

Quand il se bat, le chien ne « pense » plus à ce qu'il fait. Et s'il s'agit d'un sujet dépourvu de freins inhibiteurs, peu sensible à la douleur et éventuellement doué d'une prise meurtrière, son adversaire passera un très mauvais quart d'heure.
La seule attitude responsable de la part du propriétaire d'un tel chien (surtout un terrier, en particulier de type Bull, ou un molossoïde) consiste à garder en permanence le contrôle de la situation, en essayant de prévenir chaque occasion d'affrontement.
Cela implique également d'éviter au maximum les rencontres entre des sujets adultes du même sexe et de les limiter aux couples mâle-femelle.
Risquer une bagarre entre deux chiens mâles (ou bien encore deux femelles) sous prétexte de « vouloir simplement qu'ils s'amusent » revient à n'avoir ni une bonne culture cynophile, ni le sens des responsabilités indispensables à quiconque choisit – et devrait donc aimer – ces chiens.

... à la pratique

Vous avez fait tout votre possible pour l'éviter, mais votre chien se chamaille avec un autre : quel comportement adopter ?

• Inutile de crier et de vous agiter : à ce moment, le chien n'écoute pas les paroles et le ton vif l'excite encore plus. Une vocifération peut s'avérer efficace juste avant la bataille, en inhibant l'attaque, mais produira l'effet contraire après.

• Inutile et dangereux de vous mettre au milieu et de chercher éventuellement à attraper le chien par son collier, en misant sur le fait qu'il ne vous mordra jamais : hormis les bagarres ritualisées d'origine hiérarchique, le chien pense généralement qu'il lutte pour sa vie et (à juste titre) ne se soucie pas des détails. Il ne vous mordra jamais ex-

Prendre dans ses bras un chien en train de se battre avec un autre s'avère dangereux et ne sert pas à grand-chose

Chiens soulevés par la queue

près, mais rien ne dit qu'il soit en mesure de s'arrêter à temps si votre main entre dans son champ d'action. Conclusion : mettre les mains près de la gueule des chiens représente le meilleur moyen de les voir finir à l'intérieur de cette dernière.

• Inutile et dangereux de prendre le chien dans vos bras : l'autre pourrait se jeter sur vous et vous mordre en essayant de l'atteindre.

• Inutile et dangereux de ne retenir qu'un des adversaires : se sentir entravé – à l'évidence – n'étouffe pas, mais au contraire accroît l'agressivité. Par ailleurs, si votre chien considère que vous essayez de l'empêcher de défendre sa peau, il perdra toute l'estime qu'il vous porte. Et à l'extrême limite, s'il se sent vraiment en grave danger, il risquera de vous mordre pour se libérer.

• Utile, dans la plupart des cas, d'employer un torchon ou un seau d'eau pour refroidir les esprits en ébullition : si vous avez un objet de ce genre à portée de la main, c'est la première chose à faire.

• Très utile, quand on est deux, d'attraper simultanément chaque chien par la queue (s'ils en ont une) ou par les testicules (dans le cas de mâles à queue amputée), voire les pattes arrière (à défaut de queue et de testicules, parce qu'il s'agit de femelles), puis de le soulever du sol. L'absence d'appui stoppe presque toujours les velléités de combat : le chien se soucie principalement de savoir ce qui s'est passé là, derrière, et lâche son adversaire. Cette solution ne sert bien entendu qu'à écarter les deux chiens, qu'il conviendra tout de suite après de remettre en laisse et de séparer définitivement.

• Très utile, quand on a un sujet doté d'une prise implacable et d'un caractère peu aimable avec les autres chiens, de toujours emporter avec soi un coin de bois ou de plastique que l'on pourra, en cas d'urgence, introduire dans sa gueule pour la lui faire ouvrir. Lorsque la situation s'avère vraiment désespérée, il s'agit du seul moyen d'empêcher un chien d'en tuer un autre... sans risquer ses mains.

Que faire après un affrontement ?

Jusqu'à hier, votre chien s'était montré amical et joueur avec tout le monde. Mais aujourd'hui, une bagarre a éclaté entre lui et son ancien ami et camarade de jeux qui, heureusement, s'est terminée sans conséquences graves. Quelle doit être votre attitude ? Pouvez-vous encore lâcher les deux chiens ensemble ou mieux vaut-il l'éviter ? Cela dépend de plusieurs facteurs :

• Si la bagarre est liée à la possessivité (pour la possession d'une balle, par exemple), il suffit souvent d'éliminer la cause pour régler le problème et pour que les deux chiens puissent de nouveau jouer ensemble.

• Si la bagarre est d'origine territoriale, on peut résoudre l'affaire simplement en se rendant sur un terrain neutre.

• Si la bagarre repose sur des motifs sexuels ou hiérarchiques, les deux chiens continueront de se quereller tant que les rôles ne seront pas clairement définis.
La motivation sexuelle dépend bien entendu de la présence d'une femelle : dans de nombreux cas, il suffit d'éliminer la cause (en éloignant les chiens de la femelle) pour calmer les esprits. Très souvent, cependant, un problème hiérarchique se cache derrière le prétexte sexuel. Cela se produit fréquemment entre des chiens qui étaient encore copains la veille et qui, de but en blanc, commencent à se disputer. L'un des deux était probablement un adulte et l'autre, un jeune sujet qui n'apparaissait pas jusqu'alors comme un éventuel rival, hiérarchique ou sexuel. Mais l'âge et la maturité sexuelle venant, le jeune chien pourrait refuser de continuer à accepter la suprématie hiérarchique de son ami, auquel cas le conflit éclatera. Le prétexte revêtira peut-être la forme d'une femelle de passage, qui incitera le plus jeune à agir sans délai et à tenter de s'élever sur l'échelle hiérarchique : c'est là que réside le vrai problème, pas dans l'existence de la chienne.
Que faire ? Empêcher la solution du problème (en immobilisant les deux chiens chaque fois qu'ils commencent à se montrer les dents) équivaut à marquer la fin d'une belle amitié : les deux sujets continueront de se provoquer, leurs maîtres à les immobiliser, et le rôle de supérieur hiérarchique ne sera jamais défini.
Autant les séparer pour toujours, ce qui constitue la plupart du temps la décision la plus sage, à ne surtout jamais regretter.
Quand deux chiens sont entrés en concurrence, ils n'ont plus le moindre souvenir de leurs précédentes relations. Pour le chien, seul le présent compte et ce qu'il voit alors n'est pas un ancien ami, mais un rival. De sorte que les emmener loin l'un de l'autre ne revient pas à briser pour toujours une belle amitié, comme on pourrait le penser en termes humains, mais faire très plaisir aux deux en éliminant une cause de stress. Encore une fois, ne commettez pas l'erreur d'attribuer au chien des sentiments que nous seuls éprouvons en réalité !
Si, par ailleurs, le problème ne concerne pas les chiens, mais leurs maîtres (éventuellement amis, parents, fiancés, etc.) qui veulent que leurs compagnons à quatre pattes – pour les arranger, eux – renouent des rapports de non-belligérance... la seule méthode efficace consiste à essayer de les laisser se battre, pour voir si l'affrontement aboutit à une définition des rôles.
Cette solution est envisageable si tous deux appartiennent à des races très lupoïdes : il y a en effet de grandes chances pour que la bagarre soit ritualisée (avec beaucoup de comédie, mais peu de morsures réelles), que l'un des deux accepte la domination de l'autre et que tout s'achève à l'amiable.
Ce n'est cependant pas d'un cœur léger que l'on se résigne à emprunter cette voie car :
– absolument rien ne dit que l'un des deux chiens finira par se soumettre (si les sujets sont chacun très dominants, les ritualisations tomberont à l'eau et le jeu deviendra pesant, y compris entre des chiens fortement lupoïdes) ;
– même une bagarre ritualisée peut engendrer des blessures, ni mortelles ni graves, mais susceptibles de défigurer l'animal (ce qui s'avère dramatique dans le cas d'un chien d'exposition de beauté, par exemple).
Il y a quelques jours à peine, j'ai assisté à une querelle de possessivité entre une femelle (stérilisée) Berger allemand et un Rottweiler mâle :

le tout dura moins de dix secondes, mais fut une petite tragédie.
Ces deux sujets, qui appartiennent à l'une de mes amies, vivent ensemble et s'adorent littéralement : mais la chienne est extrêmement possessive et n'arrive vraiment pas à se contenir quand elle sent ses biens menacés.
En l'occurrence, le mâle « osa » s'approcher trop près de son écuelle : la chienne (comme à mille autres occasions) fit *Gruaurrrrr !* et donna un coup de dents sec probablement dans le vide, à des fins démonstratives évidentes. Mais cette fois, les dents rencontrèrent une oreille du mâle qui, sous la douleur, tira brusquement sa tête en arrière.
Résultat ? Un morceau d'oreille arraché, avec la chienne qui pleurait de désespoir et léchait à toute vitesse le blessé, comme pour lui dire : « Je suis navrée, je ne voulais pas te faire si mal. » Le mal était malheureusement déjà fait.
Une visite immédiate chez le vétérinaire permit heureusement de recoudre le bout d'oreille, mais on ignore encore (car l'épisode est très récent) si le chien gardera ou non une vilaine cicatrice.
Par conséquent, leçon numéro un : même un simple accrochage entre chiens peut avoir des répercussions qui dépassent largement les intentions des adversaires.
Autre problème : s'il est vrai que les races lupoïdes ont tendance à ritualiser, il est également vrai que les chiens domestiques se trouvent parfois confrontés à des facteurs totalement étrangers à la vie de la meute dans la nature. C'est le cas, par exemple, de la proximité du maître, moyennant quoi un chien se sent plus fort que s'il était tout seul. Tous les éleveurs du monde ont eu l'occasion de remarquer que certains de leurs chiens peuvent être laissés tranquillement en meute quand il n'y a personne. Lorsque l'homme est présent, en revanche, des disputes et des bagarres éclatent.
Donc, leçon numéro deux : il ne faut jamais considérer les chiens domestiques exactement comme des loups ; en bien ou en mal, l'homme a influencé leur comportement et leurs réactions, en les éloignant des réflexes naturels (voir « Les conflits engendrés par le maître », page 65).
Pour conclure, une très grande connaissance de la psychologie canine et de l'éthologie s'avère nécessaire pour penser raisonnablement qu'une bagarre hiérarchique réglera les disputes sans conséquences désagréables. Mais on ne peut jamais être entièrement sûr car parfois, les conséquences vont bien au-delà des intentions.
S'agissant maintenant de la question des bagarres entre chiens qui occupent le bas de l'échelle néoténique, mieux vaut généralement éviter les occasions de combat : ces sujets, en effet, ne sont pas des chiens ayant le sens de la hiérarchie et les motifs de conflit s'avèrent, le cas échéant, beaucoup plus profonds et enracinés.
En ajoutant à cela que ces chiens ne ressentent pas du tout le besoin de nouer des liens extérieurs à leur cellule familiale, on en déduit que s'ils se battent une fois, ils se garderont sans doute toujours un « chien de leur chienne ».

L'AMITIÉ ET L'AMOUR ENTRE CHIENS

Nous avons jusqu'à présent beaucoup parlé de conflits et de querelles, mais pour une raison bien précise : parce qu'il s'agit des situations qui causent les plus grosses difficultés aux propriétaires de chiens, mais sûrement pas parce qu'elles constituent un leitmotiv au sein de la meute. Les rapports intraspécifiques ne se résument pas à des guerres, au contraire, car ces épisodes s'avèrent assez sporadiques. Entre deux loups (comme entre deux chiens), il existe des relations d'amitié et d'amour qui rendent leur vie très agréable : voyons comment elles se manifestent.

LA SYMPATHIE ET L'ANTIPATHIE, L'AMITIÉ ET LA HAINE

« Le chien est le meilleur ami de l'homme » n'est pas simplement une phrase toute faite, mais aussi une réalité. Pour son maître, le chien s'avère prêt à tout, même à sacrifier sa vie (nous verrons cependant, dans le chapitre « Les rapports chien-homme », qu'être respecté ne signifie pas forcément être aimé de son chien).

Les chiens connaissent indubitablement le sens du mot amitié

Mais un chien peut-il éprouver de véritables sentiments d'amitié et d'amour envers ses semblables également ? Si je m'en tiens à mon expérience, la réponse est indiscutablement positive.
J'ai vu des chiens rester des jours et des jours à côté de leur ami malade ; d'autres perdre leur joie de vivre à la mort de leur ami ; et j'ai vu ma bâtarde Snowwhite, qui adore littéralement toute forme de vie humaine, se transformer en vraie bête fauve parce qu'un homme avait menacé son meilleur ami Thomas (Zwergschnauzer). Je vois par ailleurs constamment des chiens de taille gigantesque se laisser patiemment tourmenter par des « microbes » dont ils pourraient ne faire qu'une bouchée : si le microbe est plus âgé, il s'agit éventuellement d'une question de hiérarchie... mais quand le minuscule chien est plus jeune que l'autre, la tolérance ne peut dériver que d'un sentiment d'amitié.
Voici encore un exemple de revers de la médaille : à une exposition, mon Husky sibérien Mackinaw, dit Mac, me traîna avec fureur parce qu'il avait aperçu (et reconnu, contrairement à moi !) un Schnauzer qui lui était foncièrement antipathique et avec lequel il avait déjà tenté de se battre plus d'un mois auparavant, sans raison apparente.
Le chien éprouve indubitablement de la sympathie et de l'antipathie, exactement comme un être humain : l'affection (ou la haine !) naît soit immédiatement, soit progressivement. Et il peut très bien arriver que la simple sympathie évolue vers une véritable amitié au sens humain du terme : un lien intense, profond, un désir d'être ensemble qui va bien au-delà d'une banale coopération.
Même les sentiments à caractère plus « spirituel » ont évidemment une origine pratique dans la nature : ils renforcent en effet les liens au sein de la meute et limitent sa dispersion.
Mais le même motif réside à la base de « notre » amitié, qui sert à consolider également les relations entre les groupes de primates dont nous descendons.
Dans l'impossibilité d'exprimer leurs sentiments par des mots, les loups et les chiens ne possèdent pas de véritable langage de l'amitié : celle-ci n'apparaît clairement (à nos yeux, du moins) que dans les cas les plus éclatants.

C'est uniquement par... amitié qu'un vieux chien supporte les petites misères d'un chiot (bâtard) dont il pourrait ne faire qu'une bouchée

En contrepartie, les chiens disposent d'un langage très clair pour dire à un autre chien : « Tu m'es sympathique » ou « Tu me casses les pieds » ; on peut généralement dire que plus un sujet veut témoigner de la sympathie à un autre, plus il se comporte de manière infantile.

Les signaux amicaux

Les signaux amicaux (ou de pacification) les plus courants sont les suivants :
- garder les yeux mi-clos ;
- donner de petits coups de museau ou de patte ;
- donner des coups avec son derrière, ou appuyer son arrière-train contre le tronc de l'autre chien ;
- inviter à jouer en baissant l'avant-main presque jusqu'au sol et en maintenant l'arrière-train en l'air.

Remuer la queue, en revanche, ne constitue pas un signe d'amitié, mais traduirait un état de contradiction pour certains auteurs, ou le simple défoulement d'une excitation pour d'autres. Nous reviendrons plus tard sur ce point ; rappelons pour l'instant qu'un chien qui remue la queue peut très bien agresser son interlocuteur (canin ou humain).

Les signaux d'antipathie

Le chien étant un animal social qui recherche la compagnie de ses semblables (et au cœur très tendre), il n'a en réalité développé aucun langage de l'antipathie. Il arrive cependant qu'une indéniable intolérance épidermique se manifeste entre deux sujets, même en l'absence de tout motif de conflit apparent.

Quand cela se produit, le chien réagit d'ordinaire simplement en s'en allant ; s'il est contraint de rester près de l'autre, un motif de conflit ne manquera pas de « naître » et débouchera sans doute sur une querelle.

J'ai mis « naître » entre guillemets, car on a alors vraiment l'impression que les chiens cherchent par tous les moyens un prétexte pour se battre ; j'en veux pour preuve Mackinaw, mon Husky sibérien au caractère très particulier, qui m'a fourni plusieurs fois l'occasion de vérifier l'existence d'antipathies canines foudroyantes.

Voici une anecdote : deux messieurs accompagnés d'un Setter irlandais viennent un jour visiter mon élevage dans le but de prendre également un Husky. Mac est en liberté dans le jardin, mais je ne me soucie pas de l'enfermer car le Setter est une femelle.

Tandis que je parle avec les maîtres, les deux chiens exécutent l'habituel rituel de rencontre-connaissance : ils se flairent, s'inspectent le derrière pour s'assurer de leurs sexes respectifs, puis Mac (qui tente toujours l'expérience, on ne sait jamais !) entame une légère cour et se heurte à une réponse négative de la femelle, qui n'est pas en chaleur. Tout étant parfaitement établi, les deux animaux jouent quelques secondes, après quoi Mac décide que la chienne ne lui est pas sympathique.

Je dois expliquer ici – à ma décharge – que l'on ne pouvait sûrement pas dire de mon chien qu'il manquait d'expressivité : lorsqu'une chose lui plaisait ou lui déplaisait, son air et ses attitudes étaient tellement éclatants que quiconque (même le plus ignare en matière de cynophilie) les aurait instantanément compris.

En l'occurrence, Mac tourna ostensiblement le dos à la chienne et partit dans la direction opposée d'un pas lent et mesuré, pour bien marquer son mépris. Quand la petite Setter esquissa le geste de le suivre pour l'inviter à jouer encore, il se retourna pour la regarder avec une expression tellement dédaigneuse que je me sentis littéralement submergée de honte ; il s'éloigna ensuite de nouveau avec calme... et je commis l'erreur de le rappeler.

Mettez-vous à ma place : ces messieurs espéraient qu'un Husky puisse devenir le meilleur ami de leur chouchoute... et Mac ne m'aidait sûrement pas ainsi à conclure une vente ! Qu'il ne veuille pas jouer avec la Setter, soit, mais lui tourner le dos et s'en aller, c'était vraiment trop !

Comme si cela ne suffisait pas, les maîtres de la chienne m'exposaient justement leurs doutes sur les Huskies, car ils avaient entendu dire qu'il s'agissait d'« irréductibles cabochards » qui n'obéissaient jamais au rappel.

Tout contribua en somme à me pousser à appeler Mac et à lui ordonner d'un ton sec « Couché ! » : en bon chien obéissant (même pour un Husky), il souffla mais s'exécuta, en revenant sur ses pas et en se blottissant à nos pieds.

La Setter se comporta alors dans le plus pur style pot de

colle et s'allongea à côté de lui en haletant à un millimètre de son nez. Mackinaw eut un regard très, très éloquent : mais moi – un peu lâchement –, je feignis de ne rien voir et continuai de discuter.
Les choses commencèrent à empirer quand la Setter, en tentant à nouveau d'inviter Mac à jouer, se mit à lui donner des petits coups sur le museau. Réponse : un grognement sourd semblant venir du fond de l'estomac du mâle.
Toujours lâche, et consciente du fait que mon chien n'aurait jamais mordu une femelle, je continuai de vanter les qualités des Huskies à mes hypothétiques clients, jusqu'à ce que Mac, d'un brusque mouvement de la tête, s'empare du livre que j'étais en train de lire et que j'avais posé sur le banc. En moins de deux secondes, le Husky avait saisi le livre, se l'était mis entre les pattes et s'était jeté sur la Setter pour défendre sa sacro-sainte propriété (une chose permise, même entre un mâle et une femelle), en entamant une bagarre légendaire.
Il convient de préciser que malgré tout, la petite chienne ne subit pas le moindre dommage (hormis, peut-être, une blessure infligée à son orgueil de séductrice) : mais la scène de Mac l'incita à souhaiter ardemment se trouver à des années lumière, et poussa également ses maîtres à filer très loin de moi, de mon élevage et de mes Huskies...
Conclusion : le chien éprouve parfois une foudroyante sympathie (susceptible de se transformer avec le temps en une vraie amitié à la vie à la mort) ou antipathie (qui devient dans certains cas très vite de la haine, à l'origine de bagarres sans même la moindre raison apparente).
Plus souvent, cependant, ces sentiments mûrissent avec le temps, dans le sens positif ou négatif.
Quand l'attraction positive se crée – et évolue – entre des sujets de sexe opposé, il arrive qu'elle se change en amour au sens humain du terme, très différent d'une simple pulsion sexuelle.

LE JEU : UN FACTEUR FONDAMENTAL DANS LES RAPPORTS

J'insère ici la question du jeu, car il s'agit d'une composante essentielle des rapports amicaux et sexuels, mais en réalité le jeu intervient presque à chaque instant de la vie d'un animal social.
Le terme « jeu » ne doit pas être compris, à tort, comme un moment de distraction sans aucune utilité pratique, car il revêt une toute autre signification dans l'univers canin.
Pour les chiots, le jeu assume une fonction éducative primordiale, car il leur permet d'apprendre littéralement à vivre : chasser, lutter, se conduire correctement avec les autres membres de la meute, distinguer les amis des ennemis... et la liste pourrait continuer pratiquement à l'infini.
Pour les adultes, le jeu sert à tester de nouvelles tactiques de chasse et de lutte, à se courtiser, à saisir les intentions d'un autre sujet, à évacuer le stress, à trancher les polémiques... et là encore, la liste risquerait d'être très longue.
Entre un chien et un homme, enfin, le jeu constitue l'élément crucial à la base de l'éducation, du dressage... et du simple plaisir d'être ensemble.
Le jeu est en somme quelque chose d'excessivement sérieux et utile, qu'il convient de favoriser et d'encourager à la moindre occasion.

Les signaux d'invitation au jeu

Comment se manifeste, entre adultes, l'envie de jouer ?
À la différence des chiots, qui doivent se signaler réciproquement leur intention de ne pas jouer (cette approche constituant autrement la règle), deux adultes doivent se dire qu'ils joueraient volontiers ensemble : et ils le font par un signal précis, qui consiste à abaisser l'avant-main et à garder l'arrière-main en l'air.
Cette sorte de révérence revêt une signification unique, sans équivoque, qui ne pourra jamais se trouver à l'origine d'un malentendu : l'invitation au jeu.

Le jeu de la lutte

Le jeu de la chasse

On l'observe très souvent (entre deux chiens, ou entre un chien et un homme) et on constate qu'elle a pour but immédiat de déclarer un état de non-belligérance : presque toujours, en effet, elle étouffe dans l'œuf toute velléité d'agressivité de la part de l'invité.

L'invitation précède le jeu proprement dit, qui peut se dérouler selon diverses modalités. Parmi les plus fréquentes, citons :

– le jeu de la chasse, où l'un des deux chiens s'enfuit et l'autre le poursuit ;

– le jeu de la lutte, où les mouvements de l'agression et de la défense sont ritualisés.

Les chiens luttent soit debout, soit couchés. Le jeu par terre, qui met les sujets dans une position de vulnérabilité extrême, s'avère très fréquent chez les chiots et se rencontre en revanche uniquement chez des adultes qui ont déjà une profonde connaissance l'un de l'autre et qui se font confiance.

Dans une meute solide, il arrive que plusieurs chiens jouent à la lutte (on assiste alors à des scènes apparemment horribles, comme celle de la photo ci-dessous).

Les morsures féroces qui semblent être infligées à la victime s'avèrent en réalité feintes, et tous les chiens s'amusent comme des fous : le fait que toutes les lèvres soient lâches et non pas plissées, et que la « victime » elle-même arbore une expression détendue le prouve (les

Un jeu de lutte en groupe peut paraître sanglant aux yeux du néophyte

Jeu de lutte debout

Jeu de lutte par terre, caractéristique des chiots

Les chiots sont les seuls à se faire parfois un peu mal au jeu de la lutte, car ils ne savent pas encore doser leur force

yeux mi-clos et les oreilles en berne, ni complètement dressées, ni rabattues en arrière, constituent des expressions joviales typiques).
La victime de service sort de ces jeux généralement couverte de bave, mais absolument indemne et sans un seul poil arraché. Rappelons cependant que ce jeu collectif repose sur des fondements très sérieux : les chiens s'exercent ainsi à attaquer et tuer en groupe une hypothétique vraie proie, qui subirait des morsures rien moins que mimées.
Si les adultes ne se font presque jamais mal en jouant à la lutte, les chiots peuvent parfois se blesser mutuellement. Cela arrive simplement parce qu'ils ne savent pas encore doser leurs forces : ils l'apprendront en jouant, justement !
Lors de leurs premières expériences de combat, les chiots exagèrent souvent et, emportés par des émotions qu'ils ne sont pas encore en mesure de maîtriser, ils se mordent pour de vrai (du moins autant que les petites aiguilles qui leur tiennent lieu de dents le permettent).
Les glapissements et la réaction du jeune animal meurtri leur fournissent plusieurs informations :
– que la peau des petits frères et sœurs a une consistance X, après quoi on fait souffrir la victime ;
– que la victime peut réagir en se soumettant, mais aussi en se fâchant et en mordant à son tour ;
– que quand le frère ou la sœur mord à son tour, ça fait mal !
Tout cela paraît évident à un adulte (homme ou chien), mais le chiot (à l'instar des enfants) doit l'apprendre.
Apprendre par le jeu et avec ses frères et sœurs représente le seul moyen d'acquérir sans danger des connaissances (si, en effet, le chiot essayait de combattre contre un adulte, et sans ritualisations ludiques, il serait tué). Il s'agit en outre d'un excellent système pour commencer à établir une hiérarchie, même si les très jeunes chiots (comme ceux de la photo ci-dessus) passent du rôle de dominant à celui de soumis... toutes les trente secondes environ.
C'est seulement vers l'âge de trois mois que l'un des chiots commence à se sentir un vrai petit chef, tandis que les autres acceptent le rôle de subordonnés : mais auparavant,

les limites et les gestes rituels de domination et de soumission auront déjà été éclaircis. C'est la raison pour laquelle l'ordre hiérarchique de la meute peut s'instaurer de façon spontanée, progressive et, surtout, sans effusion de sang.

LES APPROCHES SEXUELLES ET L'ACCOUPLEMENT

La pulsion sexuelle (présente chez tous les êtres vivants) garantit la conservation de l'espèce par le biais de la reproduction : elle n'a donc rien de scandaleux, mais doit être considérée comme un épisode capital de la vie relationnelle.
Contrairement à presque tout ce que nous avons étudié jusqu'à présent, où le chien et le loup suivaient des voies quasiment parallèles, les règles de l'accouplement canin se différencient assez nettement des pratiques sexuelles des loups.
La louve entre en chaleur une seule fois par an, et la chienne deux fois (hormis quelques cas – rarissimes – de races ataviques et peu manipulées par la sélection humaine).
Dans une meute de loups, seuls le mâle alpha et la femelle alpha s'accouplent ; dans une meute de chiens, chacun peut s'accoupler avec chacune.
Ces différences viennent du fait que mère Nature tend à éviter le gaspillage d'une reproduction incontrôlée ayant de faibles chances de survie ; mais la domestication a rendu la vie des chiens beaucoup plus facile que celle des loups. L'homme procure de la nourriture à tout le monde, assure la protection contre les prédateurs, permet au chien de passer l'hiver au chaud près d'un radiateur, à côté d'une gamelle pleine de pâtée.
Ainsi, petit à petit, la nature s'est adaptée et le *Canis familiaris* peut aujourd'hui avoir des petits dans des conditions qui seraient très risquées en milieu naturel, comme en plein hiver, justement, ou avec des parents ne jouissant pas d'une parfaite forme psychophysique.

Les signaux de cour et les ritualisations sexuelles

Règles de reproduction mises à part, le sexe « pratique » s'avère presque identique chez les chiens et les loups.
Quand un mâle et une femelle se rencontrent, ils se flairent rituellement museau contre museau, puis le chien se précipite vers la croupe pour savoir si la chienne est sexuellement disponible. Généralement, elle ne l'est pas (le cycle œstral ne se produit que deux fois par an et dure une vingtaine de jours), ce qui déçoit un peu le Don Juan de service, mais si par hasard il tombe au bon moment, cette agréable découverte déclenche des mécanismes précis connus sous le nom de cour. Comme chez de nombreuses espèces animales, la cour prévoit des pas de « danse » ritualisés : la femelle tend tout d'abord à s'enfuir (d'une manière que l'on pourrait qualifier de malicieuse, car elle s'éloigne par petits bonds avant de s'arrêter, en invitant le mâle à la suivre), et l'on passe très vite au jeu proprement dit.
Après l'invitation (lancée, en principe, par le mâle, mais aussi parfois par la femelle, qui manifeste ainsi sa disponibilité), les chiens exécutent d'ordinaire le mouvement de l'embrassade : ils se dressent chacun sur leurs pattes arrière en posant leurs pattes avant sur le corps de leur partenaire. Il arrive que ce geste intervienne également dans le jeu entre des sujets du même sexe, mais il fait toujours partie des jeux de cour.
On suppose qu'il s'agit d'un moyen d'évaluer le poids et la force du mâle, dont la femelle doit tenir compte : la cour a en effet pour principal objectif de démontrer à la chienne que le mâle est un partenaire sain, robuste et puissant, un père sensationnel, en somme, pour ses futurs chiots.
Au terme de la cour, si la femelle est convaincue et accepte de s'accoupler, elle s'immobilise et lève la queue pour favoriser la pénétration du mâle.
Si le mâle est un vieux roublard, on arrive rapidement à la copulation proprement dite (qui dure quelques instants), puis à la phase d'« amarrage » (qui peut en revanche durer très longtemps).
Avec un mâle à ses premières armes, au contraire, on assiste quelquefois à des scènes très amusantes : il peut se tromper de côté et tenter de saillir un flanc ou la tête de la chienne (qui arbore alors une expression impayable, surtout s'il s'agit d'une femelle expérimentée), ou bien monter et descendre deux mille fois, ou bien encore regarder autour de lui d'un air perplexe (du type : « Et mainte-

Les phases de la cour et de l'accouplement

nant, je fais quoi ? »), en tournant aussi son regard vers son maître, au cas où ce dernier serait présent, en quête de conseils.
Si j'avais filmé tous les accouplements canins auxquels j'ai assisté au fil des années, surtout avec un mâle débutant, je disposerais aujourd'hui d'un film non pas classé X, mais comique.
En laissant du temps au temps (et à la nature), même le mâle le plus inexpérimenté finit néanmoins par saisir pleinement de quoi il retourne.
La femelle se tiendra alors tranquille ou se mettra à hurler de désespoir : cela dépend souvent de l'expérience (de la chienne, cette fois), mais il n'existe aucune règle en la matière. J'ai eu des chiennes très calmes dès la première saillie et d'autres qui, après plusieurs portées, continuaient de crier au moment de la pénétration. Il se peut que la raison soit d'ordre physiologique et que certaines femelles éprouvent davantage de douleur que d'autres ; personnellement, je soupçonne aussi une forte composante psychologique, certaines chiennes étant simplement plus pénibles que d'autres.
Tant que les chiens restent amarrés, il convient de les surveiller pour les empêcher de se faire mal par des mouvements brusques ou des tentatives (vaines) de se décrocher.

La gestation entraîne des changements de comportement chez la chienne, qui devient généralement plus calme

LES CHIENS PEUVENT-ILS VRAIMENT TOMBER AMOUREUX ?

Mon expérience personnelle suggère une réponse positive à cette question, même si je dois faire très attention, car le risque de l'anthropomorphisme guette toujours, même ceux qui s'imaginent étudier le chien de la manière la plus scientifique possible.
Nous avons vu que dans le cas des loups, seul le mâle alpha peut tomber « amoureux » au point de quitter sa meute pour suivre sa femelle, alors que le contraire ne se produit jamais : ce phénomène contribue à la survie de l'espèce, car un mâle rejeté est un mâle faible qui ne serait plus en mesure de garantir une progéniture saine et robuste.
Les chiens qui vivent dans la société humaine ne sont cependant pas toujours et uniquement poussés par des motivations utilitaristes ; et je crois pouvoir affirmer sans trop me tromper que les sentiments canins, d'un côté moins conditionnés par l'instinct comparé à ceux du loup, subissent de l'autre l'influence de l'homme en ce qui concerne également les rapports de couple.
Les couples de chiens se forment souvent pour la vie, qu'ils passent littéralement sous le même toit, en partageant chaque instant de la journée, ce qui n'arrive jamais dans une meute de loups.
Ce mode de vie, très différent de celui naturel, fait que certains sentiments se sont particulièrement renforcés chez le chien et permet même l'existence de couples canins fidèles, unis par un sentiment beaucoup plus fort que le simple élan sexuel.
Rappelez-vous la jeune chienne Frida, dont nous avons parlé précédemment. Et bien cette chienne passa toute son enfance et son adolescence avec le mâle Fritz, qui fut également son premier « mari » : elle refusa ensuite obstinément n'importe quel autre mâle (surtout ceux qui m'auraient plu à moi, car j'estimais qu'ils pouvaient améliorer au maximum son courant de sang), et manifesta en revanche une entière disponibilité pour de nouvelles rencontres avec Fritz.
Puisque les idées de Frida, je le répète, ne coïncidaient pas avec les miennes en matière de partenaire, je tentai une fois d'imposer ma volonté en la forçant (à l'aide d'une muselière) à accepter la saillie que j'aurais souhaitée. Résultat : pas le moindre chiot. La chienne demeura vide, comme on dit en langage cynophile, et cela me convainquit définitivement de ne plus retenter l'expérience.
Dans la mesure où un nouvel accouplement entre Fritz et Frida ne présentait aucun intérêt – à des fins d'élevage –, je confiai la chienne à un ami proche et me résignai à l'exclure de la reproduction : mais cette dernière avait d'autres projets en tête. Tout en adorant son nouveau maître, qu'elle ne quittait pas d'une semelle, aux premières chaleurs qui suivirent elle s'échappa de la maison et se présenta à l'élevage (la nuit, et en mon absence), en se dirigeant sans hésitation vers la niche de Fritz. Et lui... j'ignore combien de temps il mit, mais il réussit à creuser un tunnel digne d'une évasion d'Alcatraz et la rejoignit à l'extérieur de l'enclos.
Résultat : le lendemain matin, je les trouvai allongés, museau contre museau, en train de s'échanger des mots doux. Et deux mois plus tard, les chiots naquirent.
Maintenant, il est vrai qu'il ne faut pas céder au réflexe de l'anthropomorphisme : mais quel mot emploieriez-vous dans ce cas, à part « amour » ?
Et il ne s'agit que d'un exemple, car j'en ai personnellement eu d'autres dans mon élevage et de très nombreux cas semblables m'ont été relatés. Pour moi, par conséquent, le chien est capable d'éprouver un véritable amour à l'égard d'un congénère du sexe opposé.
Si par ailleurs le terme vous paraît trop fort, essayez de faire le raisonnement inverse et de vous interroger sur la hauteur du sentiment humain correspondant. Au-delà de toute acception poétique, l'amour entre un homme et une femme résulte d'un mécanisme chimique : la baisse de niveau d'un neurotransmetteur, la sérotonine, qui aboutit à la langueur typique des amoureux et qui permet l'excitation sexuelle consécutive.
Si nous adoptons cette vision si peu romantique, nous tombons donc tous amoureux de la même manière. Mais certains regards, associés à des attitudes et des comportements déterminés, m'incitent à penser que le chien est lui aussi capable d'amour au sens spirituel.

Après l'accouplement, la femelle devrait s'avérer fécondée : cela ne se produit pas toujours dans l'univers humain (qui, comme nous l'avons vu, admet aussi la reproduction de sujets qui ne seraient pas choisis dans la nature pour cette fonction), mais survient quasi automatiquement chez les canidés sauvages.

La gestation entraîne des changements de comportement chez la femelle, qui devient généralement plus paisible et moins joueuse.

Tant la chienne en œstrus que la femelle gestante peuvent se montrer moins amicales (voire agressives) avec leurs congénères : par esprit de compétition dans le premier cas, et parce qu'elles commencent à défendre la portée qu'elles recèlent en leur sein dans le second.

Les rapports chien-homme

Nous avons dit à plusieurs reprises que le chien assimile notre famille à une meute et que le maître doit incarner, à ses yeux, le chef de meute. Mais pourquoi ?
Au fond, nous ne sommes pas ses congénères, et il n'y a aucune raison pour qu'il nous considère comme ses supérieurs hiérarchiques ou qu'il tente de nous rabaisser à un rang d'infériorité. Quand un chien grandit avec un groupe de chats, il ne se met pas à miauler. Lorsqu'il grandit dans une famille humaine, en revanche, il arrive même à sourire pour nous imiter. Pourquoi ? Pour le savoir, il faut avant tout connaître les différentes phases de développement du chiot.

Il ne s'agit pas d'amour fraternel... mais de quête de chaleur

Les nouveau-nés restent toujours en groupe, voire... en tas !

LES PHASES DE DÉVELOPPEMENT

La phase néonatale (0-3 semaines de vie)

Le chiot naît complètement aveugle et sourd. De très importantes transformations physiologiques se produisent durant cette phase néonatale, mais ses rapports avec l'extérieur se limitent strictement au contact avec la mère (ou, mieux encore, avec le lait maternel, son principal objectif, et la chaleur maternelle, qu'il recherche inconsciemment pour se sentir bien). Afin, toujours, d'obtenir davantage de chaleur, les petits se serrent les uns contre les autres et forment d'adorables tas que quiconque ayant élevé une portée a déjà eu l'occasion d'observer. Mais, en réalité, les chiots ne savent pas qu'ils ont une mère et des frères et sœurs. Chacun pense simplement à survivre en s'attribuant la nourriture et la température idéales, et utilise uniquement les sens qui lui permettent d'atteindre ce but : l'odorat et (dans une moindre mesure) le toucher. Les scènes de soi-disant amour fraternel ne sont finalement qu'un moyen de... rester au chaud !

La phase de transition (troisième semaine de vie)

À douze ou quinze jours environ, les conduits auditifs et les paupières des chiots s'ouvrent, mais ces derniers ne voient encore pratiquement rien ; de quinze à vingt jours, la vue commence à fonctionner... et, phénomène incroyable, les pattes réussissent à porter (pour ainsi dire, car les chutes prédominent) les petits corps encore très gauches.

Durant cette période, les chiots s'avèrent entièrement absorbés par les changements rapides et considérables qui se produisent dans leur corps, mais ils prennent peu à peu conscience du fait que leur mère et leurs frères et sœurs sont des êtres vivants avec lesquels on peut se mesurer (par exemple, il faut parfois déplacer une entité appelé « frère » ou « sœur » pour at-

À seize ou dix-huit jours, les chiots commencent à manifester des comportements sociaux

teindre le lait produit par l'entité la plus grande appelée « maman »). Si d'autres entités font leur entrée dans la corbeille, elles seront complètement ignorées pendant les deux premières semaines : les chiots ne s'en rendent absolument pas compte. Vers le début de la troisième semaine, on enregistre éventuellement chez les chiots une seule réaction : la peur.
À seize ou dix-huit jours, les chiots commencent à adopter des comportements sociaux que l'on retrouvera chez l'adulte : ils remuent la queue, surtout, et essayent également de donner de petits coups sur le museau de leur mère.
Ils rentrent parfois toute leur tête dans la gueule de leur mère ! Cela provoque, chez les loups, un réflexe conditionné chez la mère qui, stimulée aux commissures des lèvres, régurgite aux chiots de la nourriture prédigérée : c'est le début du sevrage. Seules quelques races canines (comme les chiens nordiques) ont conservé cette pratique.

La phase de l'imprinting (4-7 semaines de vie)

À partir de la quatrième semaine de vie, l'univers des chiots change radicalement : maintenant, ils voient, entendent, marchent (presque en équilibre sur leurs pattes), mangent tout seuls et, surtout, prennent pleine-

Quand les petits coups de museau ne suffisent pas... on exagère parfois !

À cet âge, il n'y a pas encore de concurrence alimentaire et les chiots mangent tous ensemble sans se disputer

ment conscience des rapports sociaux.

S'agissant de l'alimentation, il est intéressant de noter qu'à cet âge les chiots ne manifestent aucun esprit de compétition et mangent normalement tous ensemble dans la même gamelle.

En ce qui concerne les rapports sociaux, en revanche, ils se traduisent :

– par la reconnaissance proprement dite de la mère et des frères et sœurs, qui sont identifiés en leur qualité de congénères ;

– par la réaction de peur envers tout ce qui ne fait pas partie de l'environnement-niche, à savoir de la famille.

C'est à ce moment que l'homme doit absolument faire croire aux chiots... qu'il fait partie intégrante de l'environnement-niche, en d'autres termes qu'il appartient à la même espèce que les chiens.

En éthologie, le mécanisme de reconnaissance de l'espèce porte le nom d'imprinting ; nous approfondirons plus tard cette question, car il s'agit d'une étape cruciale dans la relation chien-chien et chien-homme.

La phase de la socialisation (8-12 semaines de vie)

Les chiots quittent alors la niche, commencent à rencontrer d'autres membres de la meute et apprennent le savoir-faire canin.

Durant cette phase, le chiot doit donc absolument faire la connaissance des autres chiens (autrement, il deviendra un adulte bagarreur ou bien peureux, suivant son caractère) et le plus grand nombre de personnes possible (sous peine de devenir un adulte méfiant à l'égard des gens).

Une bonne socialisation peut réparer en partie les erreurs commises au cours de la phase d'imprinting (elle ne remédiera jamais à l'absence d'imprinting, mais s'avère utile en cas d'imprinting partielle et/ou incorrecte) ; l'absence de socialisation risque au contraire d'entraîner des problèmes de timidité, parfois très graves, susceptibles, à l'extrême limite, de rendre le chien mordant, surtout s'il se trouve dans l'impossibilité de fuir (ce qui arrive, par exemple, quand il est en laisse).

La reconnaissance entre frères et sœurs n'est pas toujours appréciée par tous !

Un chien non socialisé ne vivra jamais sereinement au sein d'une meute humaine

La timidité ainsi que l'agressivité constituent néanmoins des expressions d'un même sentiment : la peur de l'homme.

À l'instar de l'imprinting, la socialisation doit elle aussi être élargie au maximum : il faut que les chiens rencontrent des personnes de sexe, d'âge et d'apparence différents (en accordant un intérêt particulier aux enfants, dont nous parlerons plus en détail par la suite), mais également des chiens de race, de sexe, d'âge et de taille divers.

Dans le cas contraire, ils pourraient prendre certains chiens (ou les enfants, comme nous le verrons un peu plus loin dans le chapitre intitulé « Les rapports chiens-enfants ») pour des ennemis ou bien des proies.

Durant la phase d'organisation hiérarchique, on note les premiers signes de ritualisation

La phase d'organisation hiérarchique (13-16 semaines de vie)

Vers l'âge de trois mois, les chiots commencent à établir des hiérarchies précises entre eux : c'est non seulement le plus fort – un facteur capital ! –, mais aussi le plus intelligent, le plus éveillé, celui capable d'affronter au mieux les situations nouvelles et imprévues qui s'impose.
Les deux qualités s'avèrent souvent liées : le chiot le plus intelligent est également celui qui réussit toujours à se procurer de la nourriture, ce qui contribue à lui conférer davantage de force physique.
Durant cette période, on voit apparaître clairement, en particulier chez les chiens les

Les hiérarchies canines ne reposent ni sur la force... ni sur le poids : le chien âgé est toujours considéré comme un supérieur, respecté pour sa plus grande sagesse et sa profonde expérience

plus lupoïdes et primitifs, les gestes ritualisés de domination et de soumission.

La phase d'organisation de la meute (4-6 mois de vie)

Pendant cette phase, qui débute alors que l'organisation hiérarchique est encore en cours, les loups apprennent à collaborer entre eux, affinent les techniques de chasse, découvrent comment unir leurs forces pour faire face à un danger. Le chef de meute participe très activement à la formation des jeunes, qui apprennent à le respecter et à lui obéir sans hésitation. Transposée dans l'univers canin, cette règle donne lieu à des scènes extrêmement savoureuses : le chien le plus âgé est en effet toujours considéré comme un supérieur hiérarchique par le jeune animal, même si ce dernier est trois fois plus grand que lui.

L'imprinting représente une étape vitale dans le développement du chiot

L'IMPORTANCE DE L'IMPRINTING

Comme beaucoup le savent, la théorie de l'imprinting repose sur les observations effectuées par Konrad Lorenz à propos des oies : le savant nota que les poussins à peine sortis de l'œuf prenaient pour leur maman le premier être vivant qui se présentait. Si ce dernier était un homme, il devenait leur maman : et en effet, les photos de Lorenz suivi pas à pas par ses filles les oies ont fait le tour du monde.
La théorie de l'imprinting s'applique à diverses espèces animales, dont le chien ; mais il existe une différence entre le résultat obtenu avec des oies et celui obtenu avec des chiots.
Une fois que l'oie a identifié une maman, en effet, elle ne peut plus changer d'avis : l'oie est un animal à orientation visuelle et s'avère bien entendu incapable de se voir elle-même.
Le chien, au contraire, s'imprègne par le nez beaucoup plus que par la vue : capable de se flairer, il est également en mesure de reconnaître les autres chiens à leur odeur.
En résumé : une oie imprégnée par l'homme qui rencontre une autre oie se sauve terrorisée. Un chien imprégné par l'homme qui croise pour la première fois un autre chien va le renifler et penser : « Mais regardez-moi ça, nous avons la même odeur. Ne serions-nous pas parents ? ». Après quoi, comme le veut la logique, il commence à approfondir la connaissance et les rapports.
Quand on parle d'imprinting des chiots, il ne s'agit en réalité que d'un imprinting partiel, car elle n'est ni irréversible, ni définitive : seul le cas inverse, à savoir l'absence totale d'imprinting par l'homme, est irréversible et définitive.
Comment imprégner correctement une portée ? Simplement en touchant les chiots, en les manipulant, en jouant avec eux et, surtout, en se laissant flairer. Le tout dans le but de convaincre les chiots qu'eux et nous appartenons à la même espèce, c'est-à-dire que nous sommes nous aussi des chiens (ou bien qu'ils sont des personnes, tout dépend du point de vue !).
Si le chiot ne rencontre pas et, principalement, ne flaire pas des personnes entre la quatrième et la septième semaine de vie, il ne se comportera jamais de façon amicale avec les êtres humains : il suivra uniquement son instinct de louve-

teau, en les fuyant et en les craignant.
Point A, donc : l'imprinting s'avère absolument fondamentale.
Mais il y a aussi un point B : dans la mesure, justement, où il s'agit d'un imprinting réversible et révocable, qui convainc le chien, certes, mais jusqu'à une certaine limite... il faut le réaliser de la façon la plus complète possible. Faire en sorte qu'une seule personne touche les chiots et joue avec eux revient à commettre une grave erreur.
Il existe de grosses différences individuelles (y compris au sein de la même portée), mais l'imprinting à sens unique a très souvent des effets collatéraux particulièrement désagréables.
Il peut notamment arriver :
– qu'un ou plusieurs chiots considèrent comme leur congénère seulement l'être humain qui les a manipulés et cajolés, en adorant cette personne, mais en éprouvant une sainte terreur à l'approche de n'importe quel autre être humain ;
– qu'il s'instaure un imprinting de type sexuel, lié à l'image de la seule personne ayant imprégné les chiots : si cette personne était une femme, les chiens se laisseront approcher uniquement par les femmes ou, si c'était un homme, exclusivement par les hommes.
La même chose se produira éventuellement si plusieurs personnes, mais du même sexe, s'occupent des chiots. J'ai mené dans le passé une étude sur ce phénomène : j'ai malheureusement examiné un échantillon trop réduit pour pouvoir en tirer des indications valables dans l'absolu, mais les résultats partiels ne laissent pas subsister de gros doutes. J'eus l'occasion de constater que l'imprinting de type sexuel survenait beaucoup plus facilement si la ou les personnes en question étaient très caractérisées sexuellement (par exemple, des hommes très grands, à la voix particulièrement profonde, portant barbe et moustache ; vice-versa, des femmes menues à la voix très fine et aux manières extrêmement féminines) ;
– qu'il s'établisse un imprinting apparemment correct, mais révélant d'étranges lacunes avec le temps. Par exemple, des chiens adultes généralement amicaux qui manifestent de la crainte (voire de la terreur) à l'égard de certaines catégories de personnes : prêtres, individus en uniforme, personnes de couleur, etc. Ces manifestations s'avèrent en réalité assez fréquentes même chez les chiens imprégnés par plus d'une personne, mais chez ceux imprégnés à sens unique elles s'avèrent plus éclatantes et concernent parfois des catégories insolites (les porteurs de lunettes, par exemple).
Ces lacunes peuvent être complètement effacées par une bonne socialisation, mais s'accentueront si le chiot fait l'objet d'une socialisation incomplète.
Nous voici donc arrivés à la première conclusion : l'absence d'imprinting engendre immanquablement un chien asocial, inabordable par l'homme, qui vit dans la sainte terreur d'être ne serait-ce qu'effleuré.
Mais un imprinting incorrecte, comme celle réalisée par une seule personne, peut également suffire à rendre un chien timide. Ce type de sujet sera adorable à la maison et avec les membres de la famille, mais aura tendance à fuir les inconnus, au lieu d'avoir envie de nouer de nouvelles amitiés et d'étendre ses relations sociales.
Outre l'imprinting à sens (ou sexe) unique, les imprinting trop limités dans le temps sont eux aussi mau-

Le Dogue du Tibet, dont descendent tous les molossoïdes actuels, des chiens relevant du premier stade néoténique

Le Labrador appartient au deuxième stade néoténique

vais : le fait que la phase d'imprinting ait été localisée dans la période allant de quatre à sept semaines de vie n'autorise pas à penser : « Cajolons un peu les chiots de trente à trente-cinq jours, et le tour sera joué. »

Il n'en va pas du tout ainsi : un bon imprinting complet et durable demande un mois, du premier au dernier jour.

LA NÉOTÉNIE : UNE THÉORIE PROPICE AUX DISCUSSIONS

Nous avons déjà expliqué dans les grandes lignes de quoi il s'agissait (la permanence, chez l'adulte, de caractéristiques infantiles sur le plan morpholsogique et caractériel). Voyons maintenant plus en détail les stades prévus par la théorie néoténique.

Le premier stade, ou le stade du nouveau-né

Les chiens au premier stade néoténique revêtent des caractéristiques physiques foncièrement infantiles, typiques des louveteaux âgés d'un ou deux mois. Le museau est court, les oreilles petites et tombantes, le crâne arrondi, le corps trapu et l'allure gauche. Psychologiquement, le chiot s'avère lié exclusivement à sa mère et à ses frères et sœurs : s'éloigner de ces derniers provoque chez lui de la peur et du stress. Le monde extérieur l'intéresse très peu et il craint tout ce qu'il ne connaît pas, si bien qu'il a tendance à réagir avec agressivité à n'importe quel stimulus étranger.

Tous les molossoïdes appartiennent à cette catégorie.

Ces chiens combattent sans inhibitions rituelles (ces dernières n'apparaissant en effet que chez le loup adulte), sont d'excellents gardiens en vertu de leur sens de la territorialité très prononcé (dans leur cas, tanière rime avec territoire), et se prêtent assez

Les bergers de type lupoïde, comme ces Borders et Bergers belges relèvent presque tous du troisième stade néoténique

mal aux activités requérant beaucoup de tempérament (à savoir une vitesse de réaction aux stimuli) et un esprit d'initiative. Ils n'ont pas le sens de la hiérarchie, car l'organisation hiérarchique débute seulement à trois mois : pour eux, le concept de maître-chef de meute n'existe pas, contrairement à celui de maître-maman, car c'est elle qu'ils aiment, qu'ils respectent... et à laquelle, par conséquent, ils obéissent.

Le deuxième stade, ou le stade du jeu

Les chiens au deuxième stade néoténique se rapprochent du louveteau âgé de trois ou quatre mois. Ils manifestent de la curiosité et de la vivacité à l'égard des stimuli extérieurs, jouent spontanément avec leurs parents et leurs frères et sœurs, commencent à sortir de la tanière et à interagir (toujours de façon ludique) avec d'autres membres de la meute, mais ils se méfient encore de ce qu'ils ne connaissent pas. Ils éprouvent beaucoup de plaisir à tout prendre dans leur gueule.
S'agissant de l'aspect physique, ils ont des oreilles plus longues, mais toujours tombantes ou à moitié droites, un museau allongé et un corps plus agile et proportionné.
La majeure partie des braccoïdes et, surtout, les retrievers, rentrent dans ce groupe. Ils s'avèrent peu adaptés à la garde et à la défense, car ils manquent encore de courage. Ils ont désormais coupé tout lien avec la tanière, mais sans pour autant avoir développé une territorialité de type alimentaire et sexuel (typique de l'adulte) suffisante. D'une nature joviale et très affectueuse, ils éprouvent une véritable passion pour le rapport. Ils commencent à deviner le concept de hiérarchie, mais continuent néanmoins d'être liés à leur mère : le maître idéal est celui qui sait adopter un comportement à mi-chemin entre la maman et le chef de meute.

Le troisième stade, ou le stade du rabatteur

Il correspond au louveteau de quatre à six mois.
Les oreilles sont maintenant droites ou presque, le museau s'est allongé davantage, l'allure est agile et déliée. À ce stade, le chien n'est plus en phase orale et s'avère donc moins passionné par le rapport ; il a en revanche tendan-

ce à doubler n'importe quel objet (ou animal) en mouvement, en l'interceptant et en lui coupant la route. Ce comportement, appelé justement rabattage, représente une sorte de préparation à l'attitude prédatrice qui apparaîtra peu de temps après et qui consistera à poursuivre la proie et à tenter de la saisir par derrière.
Dans la nature, les phases d'organisation hiérarchique et de formation de la meute ont lieu de trois à six mois : ces chiens ont par conséquent déjà un sens de la hiérarchie et de la collaboration très développé.
La plupart des lupoïdes, surtout ceux de berger, appartiennent à ce groupe.
Ces chiens remplissent parfaitement les fonctions de garde, car ils ont déjà le sens de la territorialité ; de défense, car ils sont prêts à tout pour le maître-chef de meute ; de pistage, car ils connaissent déjà les techniques de chasse qui les poussent à se servir de leur odorat ; de conduite du troupeau, car ils ont tendance à rassembler les animaux qui leur sont confiés.
Les races du troisième stade sont les plus dociles et les plus éclectiques : elles dénotent une maturité psychique presque adulte, tout en demeurant très dépendantes des supérieurs hiérarchiques.

Quatrième stade, ou stade du talonneur

La première théorie néoténique s'arrêtait à ce stade, en regroupant toute la période allant de l'adolescence à l'âge adulte. On tend aujourd'hui à ajouter un cinquième stade

D'après la théorie initiale, les chiens nordiques de traîneau appartiennent au quatrième stade néoténique. Mais si l'on en croit les toutes dernières études, seuls le Samoyède (sur la photo) et le Malamute de l'Alaska se situent au quatrième stade, tandis que le Husky sibérien et le Chien du Groenland occupent le cinquième

Le Chien du Groenland est l'un des chiens domestiques les plus proches du loup sur le plan de l'évolution psychique et nécessite, comme tel, un maître assez expert en matière d'éthologie

Les chiens du deuxième stade néoténique, comme le Golden Retriever de la photo, sont les plus joueurs

correspondant au chien pleinement adulte.
Au stade du talonneur, le chien revêt l'aspect du loup adulte : oreilles droites, long museau, musculature bien développée, corps agile.
Indépendants et capables de prendre d'eux-mêmes des initiatives, les talonneurs ont un puissant instinct prédateur (ils sont déjà au stade où ils doivent collaborer avec les adultes à la chasse). Ils ont tendance à poursuivre la proie et à la bloquer en plantant leurs dents dans les quartiers postérieurs. Ils ont un profond sens de la hiérarchie, mais ne respectent que le chef de meute et ne savent plus que faire d'une maman. Avec eux, une domination sérieuse s'avère plus efficace que la mièvrerie et les câlins.
Ce stade rassemble certains lévriers, tous les chiens nordiques de chasse et deux de traîneau : le Samoyède et le Malamute de l'Alaska.

Cinquième stade, ou stade de l'adulte

Le chien a le physique et le caractère d'un loup adulte. Il n'aboie presque plus (comme nous l'avons dit précédemment, l'aboiement constitue une manifestation infantile), mais peut hurler pour des raisons sociales.
Extrêmement indépendant et prédateur dans l'âme, il ne s'avère très fortement lié qu'aux membres de rang supérieur sachant gagner son estime (il est également prodigue d'affection, mais cela ne suffit pas pour se faire obéir).
Ce stade regroupe les lévriers les plus primitifs (tel l'Azawakh) et les deux races nordiques de traîneau restantes : le Husky sibérien et le Chien du Groenland, ce dernier s'avérant encore plus « adulte » que le Husky et sa « gestion » ne s'adressant qu'à de véritables connaisseurs de la psyché canine.

Les stades intermédiaires

Bon nombre de races canines ne sont pas faciles à ranger dans l'une ou l'autre catégorie : on estime donc qu'elles peuvent relever de stades intermédiaires.
Par exemple, certains chiens d'arrêt exécutent une quête en zig-zag très semblable au rabattage, mais ne sauraient remplir une fonction de défense, car ils se montrent peu méfiants à l'égard des étrangers et enclins avant tout à jouer.
Ces sujets se situent approxi-

mativement entre le deuxième et le troisième stade.
Le stade intermédiaire entre le troisième et le quatrième rassemble en revanche presque tous les chiens courants, quelques lévriers largement traités par l'homme (comme le Whippet) et quasiment tous les bergers de type lupoïde (tel le Berger allemand).
Attention : l'échelle néoténique nous donne une idée des tendances des diverses races, mais ne revêt pas une valeur absolue. Un chien au premier stade, même si ce dernier correspond au développement d'un louveteau d'un ou deux mois, grandit quoi qu'il en soit et, en devenant adulte, manifeste progressivement les caractéristiques inhérentes aux stades ultérieurs. La différence réside dans le fait que les caractères adultes seront chez lui moins prononcés, mais cela ne signifie pas qu'ils feront complètement défaut.
Il ne faut pas prendre la théorie de la néoténie au pied de la lettre. Si je la soutiens personnellement, je trouve néanmoins indispensable de rappeler que certains cynologues ne sont pas du tout d'accord.
Il n'en reste pas moins que cette théorie parvient à expliquer la raison pour laquelle il existe aujourd'hui des chiens qui se comportent de façon très ritualisée en cas de bagarre, et d'autres qui ignorent tout des inhibitions rituelles.
On peut, par un heureux hasard, compter sur la ritualisation quand deux chiens au troisième stade minimum s'affrontent ; à l'inverse, les bagarres entre chiens du premier et du deuxième stade ont des chances de finir très mal.
Notons à ce propos que les chiens au deuxième stade (du jeu) sont en principe particulièrement amicaux et peu enclins à se quereller avec leurs semblables : n'ayant pas un sens de la territorialité et de la possessivité prononcé, ils trouvent moins d'occasions de se battre que leurs cousins plus évolués en matière de comportement.
Si la bagarre éclate, néanmoins, mieux vaut intervenir sans perdre une seconde, car les choses peuvent devenir sérieuses.
Les chiens du premier stade sont les plus dangereux en cas de conflit : n'ayant effectivement pas encore le sens de la territorialité, ils ont en revanche une nette propension à défendre leur tanière et craignent en outre tout ce qu'ils ne connaissent pas. Ils n'ont pas encore eu de rapports avec d'autres membres

Les préjugés concernant la soi-disant férocité des terriers de type Bull envers leurs semblables s'avèrent démentis par ces images d'American Staffordshire Terriers : aucun chien n'est féroce ou dangereux quand il est sous le contrôle de son maître

Le chien de garde défend son territoire de façon spontanée, sans avoir besoin du moindre dressage

de la meute, hormis leur mère et leurs frères et sœurs, ou appris les règles hiérarchiques et les ritualisations qui limitent dans la nature les dommages en cas d'affrontement. Ils ont par ailleurs un très fort instinct d'autodéfense. Cela se traduit par des chiens adultes qui ne cherchent généralement pas la bagarre : ils préfèrent s'occuper de leurs affaires et demeurer à l'intérieur de leur tanière et de leur famille, qu'ils jugent sûres. Mais lorsqu'ils sont provoqués, ils réagissent avec la violence de l'autodéfense et, dépourvus de freins inhibiteurs, ne s'arrêtent que quand l'un des deux adversaires s'avère complètement hors-jeu. J'ajouterai – une fois de plus, mais il convient de le rappeler – que dans certains cas, la sélection humaine a volontairement modifié les mécanismes régissant la ritualisation, en éliminant tout particulièrement les processus d'inhibition. Cela ne signifie pas, soyons clairs, que des chiens comme les terriers de type Bull soient ingérables dans leurs rapports avec leurs semblables : une bonne relation avec le maître et un dressage correct permettent de les placer entièrement sous contrôle.

L'ÉTHOLOGIE DANS LE RAPPORT CHIEN-HOMME

Il s'avère absolument fondamental que l'éleveur (généralement au contact du chiot de la troisième à la septième semaine de vie) réalise un imprinting le plus correct et complète possible. Il est également essentiel que le nouveau propriétaire du chiot (qui en principe, à huit semaines, l'a déjà emmené chez lui) le socialise entièrement et correctement. Cela ne consiste sûrement pas à le précipiter immédiatement au milieu de la foule un jour de marché (sous peine de provoquer un choc), mais à l'habituer progressivement à rencontrer des personnes toujours différentes, de sexe et d'âge divers, ayant chacune leur façon de s'habiller et de se mouvoir, etc. Il est bien entendu préférable qu'elles se montrent amicales, mais il convient que le chiot s'habitue aussi, toujours petit à petit, à voir des gestes brusques ou à entendre des voix irritées.

Avec un peu de temps et de patience, et surtout en respectant les délais naturels du chien, on peut obtenir un adulte sûr de lui, affectueux et équilibré, sans signes de timidité et encore moins d'agressivité envers l'homme.

Attention : même le chien de garde ou de défense doit être

dûment socialisé. Certaines personnes qui ont acheté un chien principalement à des fins défensives craignent qu'une trop grande confiance en l'homme l'empêche d'accomplir son devoir. Il s'agit d'une erreur gravissime.

Le chien de garde ne doit jamais avoir peur des étrangers : chez n'importe quel animal effrayé ayant la possibilité de choisir, le réflexe de la fuite l'emporte toujours sur l'instinct qui le pousse à attaquer. Il en résulte qu'un chien peureux ne pourra être un gardien efficace que si on l'empêche de se sauver (comme dans le cas des sujets retenus par une chaîne), ce qui limite à l'évidence ses moyens d'action.

Le vrai chien de garde défend son territoire spontanément, comme il le ferait dans la nature : il ne doit pas penser que l'intrus est dangereux, mais simplement qu'il envahit sa maison. Dans la mesure où cela lui déplaît, il l'avertit de rester au large, et ce indépendamment du fait que l'intrus paraisse amical ou agressif, sympathique ou antipathique.

Si l'intrus décide d'ignorer les avertissements du chien, on en arrive éventuellement à la lutte ; mais là aussi, le chien ne doit absolument pas s'avérer effrayé par l'adversaire (autrement il se sauverait, pour les raisons exposées plus haut).

On en déduit que le chien de garde doit parfaitement connaître les êtres humains et ne pas avoir peur d'eux, un résultat que l'on obtient justement en le socialisant au maximum et en lui faisant rencontrer le plus grand nombre de personnes possible.

La douceur ne doit jamais se transformer en mièvrerie

Le peu de méfiance instinctive qui demeure dans son patrimoine génétique, associé au sens de la territorialité et à une belle assurance, fera toujours de lui à la fois un gardien irréprochable et un compagnon sûr et fiable, dont il ne faudra jamais s'inquiéter ou avoir honte, mais au contraire se sentir à juste titre fier.

Les chiots qui ont vécu la phase d'organisation hiérarchique au sein de leur meute familiale (même dans le cas de races occupant le bas de l'échelle néoténique) s'avèrent généralement plus enclins à instaurer des rapports amicaux avec leurs congénères.

Il est malheureusement très rare qu'un éleveur garde les chiots jusqu'au terme de cette phase (qui survient vers quatre mois) : les chiens qui arrivent dans les maisons de l'homme à l'âge de deux ou trois mois devraient par conséquent trouver un milieu leur permettant de continuer à se placer hiérarchiquement (par rapport aux membres de

la famille ou bien à d'autres chiens). Faute de quoi, le processus s'interrompt et le chien ne mûrira jamais complètement de ce point de vue.
La phase d'organisation de la meute correspond à la période où le jeune chien est naturellement le plus enclin à nouer une relation forte avec le chef et à apprendre des choses nouvelles : il s'agit donc du meilleur moment pour entamer un dressage.
Il faudra bien entendu toujours tenir compte de son développement physique incomplet, en bannissant par conséquent les exercices (comme les sauts) susceptibles de nuire à un organisme encore en phase de croissance. Ce moment est néanmoins le plus propice pour entreprendre les exercices d'obéissance et, surtout, pour créer un véritable duo chien-maître.

COMMENT DEVENIR LE SUPÉRIEUR HIÉRARCHIQUE D'UN CHIEN

Pour obtenir obéissance et respect d'un chien, il faut :
– connaître à fond la psychologie et le langage canins ;
– commencer au bon moment, l'idéal étant que le rapport chien-maître débute quand le jeune animal est en phase d'organisation hiérarchique (par conséquent vers l'âge de deux ou trois mois) ;
– incarner le bon personnage, qui change en fonction de la race à laquelle on a affaire. Pour les chiens occupant le bas de l'échelle néoténique (premier et deuxième degré), le maître n'a aucun intérêt à se comporter en chef de meute et doit avant tout représenter une figure maternelle. Pour les chiens du troisième degré, le concept de chef de meute devrait s'associer à celui de maman. Tandis que pour les chiens du quatrième et cinquième degré sur l'échelle néoténique, la seule figure acceptable est celle de chef de meute (nous verrons bientôt les similitudes et les différences entre les deux rôles) ;
– oublier l'anthropomorphisme, à l'origine de nombreuses erreurs comportementales de la part de l'homme. Ces erreurs peuvent prendre deux directions opposées : celui qui pense devoir dominer le chien par la force se trompe, tout comme celui qui se laisse aller au sentimentalisme, en imaginant pouvoir s'imposer non pas par la douceur, mais par la mièvrerie, qui en constitue une dangereuse exagération.
Les rapports intraspécifiques entre chiens s'avèrent géné-

Le chef de meute mange toujours en premier

ralement pacifiques et amicaux, mais jamais mièvres. Le seul moment où un chien se comporte comme un gros bébé avide de câlins correspond à celui où il veut faire comprendre à un supérieur hiérarchique qu'il lui est entièrement soumis : cajoler à outrance son chien, s'adresser à lui d'une petite voix fluette, le couvrir de louanges et de caresses exagérées... équivaut donc à lui déclarer sa propre soumission, et sûrement pas à assumer un rôle dominant.

LES FIGURES DE MAMAN ET DE CHEF DE MEUTE

Oublions le concept, typiquement humain, de maman toute douce : dans la nature, la figure maternelle est rien moins que délicate.
Elle s'avère indubitablement douce, car elle réserve à ses enfants des manifestations pleines de tendresse (petits coups de langue, contact physique), mais quand les chiots commencent à apprendre les règles du savoir-faire canin à la base d'une vie sociale satisfaisante, l'éducation devient rigide, autoritaire et ne laisse aucune place à la mièvrerie.
Autre aspect fondamental : la mère procure de la nourriture à ses enfants et les autorise à manger avant elle alors qu'ils ont déjà bien grandi.
Le chef de meute, de son côté, fait preuve d'autorité, mais il s'impose beaucoup plus par son charisme que par la force (qu'il utilise seulement dans des cas exceptionnels, comme une révolte, par exemple).
À la différence de la mère, le chef de meute ne s'abandonne pas à des démonstrations d'affection : il guide les jeunes avec fermeté et discipline, mais n'a presque jamais de contacts physiques avec eux. Par ailleurs, il n'offre pas de nourriture aux chiots, et au terme d'une chasse, il mange toujours en premier : les autres membres de la meute doivent attendre sa permission.
Comme nous l'avons vu juste avant, les chiens du premier et deuxième degré sur l'échelle néoténique doivent retrouver une figure maternelle chez leur maître : cela signifie que l'éducation sera stricte et autoritaire, certes, mais entrecoupée également de nombreuses « pauses câlins ».
Meilleure illustration de chien au premier stade, le molossoïde a un besoin vital de contact physique : on le remarque à sa tendance à suivre son maître partout où il va et à se tenir très près de lui en toutes circonstances. Quand le maître s'assied, le molossoïde ne se rend presque jamais dans

La balle représente une récompense très convoitée

le coin opposé de la pièce et se couche au contraire à ses pieds (en essayant même éventuellement de se mettre sur ses pieds !).
Pour éduquer un chien du premier stade, rien n'empêche de recourir à une friandise, car il s'agit d'une récompense parfaitement acceptable de la part d'une maman. Pour les molossoïdes, la récompense alimentaire s'avère souvent plus efficace que la traditionnelle balle.
Les chiens du troisième ou quatrième stade – la limite est floue, car bon nombre de races appartiennent également à des catégories intermédiaires – connaissent l'existence de deux figures distinctes avec lesquelles ils vivraient dans la nature : la maman d'une part, et le chef de meute de l'autre.
Ces personnages peuvent être incarnés par le maître, mais il serait encore plus naturel qu'ils le soient par deux membres différents de la famille (le mari et sa femme, par exemple) : chacun s'imposera au chien avec autorité, fermeté et cohérence, mais l'un assurera la continuité du contact physique et des caresses, tandis que l'autre se contentera d'assumer la fonction de guide énergique et sûr.
Dans certaines familles, ces rôles s'établissent concrètement sans que les protagonistes ne sachent rien en matière d'éthologie ou de psychologie canine. Cela arrive, notamment, lorsque les deux maîtres font preuve de fermeté et de résolution dans l'éducation du chien, mais que la femme vit à la maison et le mari travaille à l'extérieur. Le chien reçoit attentions, cajoleries et nourriture de la part de la femme, tandis que le mari, en rentrant fatigué le soir, lui accorde au maximum une petite caresse et joue brièvement avec lui. C'est néanmoins ce dernier qui, le samedi ou le dimanche, emmène le chien au terrain d'entraînement.
Cette solution s'avère absolument idéale pour les chiens du troisième ou quatrième degré sur l'échelle néoténique qui, souvent, attristent leur maîtresse en se montrant beaucoup plus attachés à son mari. La maman se sent alors un peu trahie et raisonne de la façon suivante : « Mais comment donc ? Je reste avec toi toute la journée, je te couvre de caresses, je te donne à manger... et quand " il " arrive, tu m'ignores complètement ? »
Je ne sais combien de fois j'ai entendu des phrases de ce genre, et je suppose que cela vous sera arrivé à vous aussi. L'explication est pourtant très simple. Le chien, toujours dans les « jupes » de sa mère étant petit, accorde en grandissant de plus en plus de confiance et d'estime au chef de meute, qui lui permet de se développer psychiquement et qui lui enseigne à se débrouiller dans la vie.
Au moment de choisir qui suivre, il optera sans hésitation pour le chef : mais il s'agit d'un phénomène parfaitement naturel, qui ne doit pas chagriner la maman de service, car l'animal ne lui retire en rien son affection. Le fait est que, pour survivre, la meute doit travailler avant de s'adonner aux câlins : et le chien applique simplement les priorités inhérentes à sa nature.
Quand une seule personne s'occupe du chien, je le répète, cette dernière devra incarner alternativement les deux figures : ces chiens ont en effet besoin d'autorité, mais également de caresses et de nourriture.
On peut les dresser en distribuant de la nourriture en guise de récompense, mais seulement les premiers mois (jusqu'à un an environ), après quoi la friandise-récompense laissera place à l'approbation du chef (félicitations et brèves caresses, car le chef ne cajole pas exagérément) et au jeu à connotation prédatrice (balle ou boudin), très apprécié des chiens de cette catégorie néoténique.
Les chiens les plus mûrs du quatrième stade et ceux du cinquième stade (nordiques, lévriers, primitifs) ne manifestent plus aucun intérêt pour une figure maternelle : ils obéissent exclusivement au chef de meute, le personnage que le maître devra donc incarner.
L'entreprise s'avère rien moins que facile (faites-moi confiance : ayant élevé des Huskies, je sais très bien de quoi je parle !), car le chef de meute ne cajole pas, n'octroie pas de nourriture en récompense, n'embrasse pas ses subordonnés adultes. Il ne se comporte pas, en somme, comme un maître normal !
Avec ces races, cependant, il n'existe aucune alternative : soit on cajole, soit on commande.
Si l'on veut être obéi, il faut abandonner le rôle de maman quand le chiot atteint l'âge de trois ou quatre mois, et passer progressivement à une éducation de moins en moins douce et de plus en plus sèche et autoritaire. La règle consiste à ne jamais donner

Un maître qui sort souvent de ses gonds ne fait pas un bon chef de meute

de nourriture en récompense, ni trop de caresses (qui ne sont d'ailleurs même pas considérées comme une véritable récompense) : on offrira éventuellement la balle, car ces chiens ont un puissant instinct prédateur. Il convient par ailleurs de toujours leur faire comprendre, par la voix ou des gestes d'assentiment, que la réponse correcte à vos ordres vous a fait plaisir.

Si vous êtes d'une nature particulièrement câline (ce qui est du reste mon cas), deux possibilités s'offrent à vous : soit vous élevez, comme moi, en déversant toute votre tendresse sur les chiots... soit vous achetez un deuxième chien de race différente et située plus bas sur l'échelle néoténique, avec lequel vous pourrez « jouer à la maman » en étant quand même obéi.

L'autre solution consiste bien entendu à « cajoler jusqu'au sang » son Husky ou son Greyhound et à se moquer de tout ce qui vient d'être dit : mais il ne faudra pas exiger de lui qu'il vous estime et vous obéisse. Il vous aimera beaucoup, car toutes les races sont capables d'un amour infini, mais c'est lui qui prendra les décisions.

Au-delà des différences évoquées, la maman et le chef de meute s'efforceront d'adopter un comportement très similaire avec le chien :

– en donnant toujours des ordres clairs et précis, auxquels il sera impossible de désobéir : la désobéissance doit entraîner immédiatement une punition, éventuellement physique pour des chiots et des chiens de faible degré néoténique (car la maman « flanque de vraies raclées » à ses enfants, même si elle ne leur

fait jamais mal), mais systématiquement et uniquement psychologique pour les chiens adultes de niveau plus élevé. La réprimande s'accompagnera du refus du comportement-récompense (par conséquent, ni caresses ni félicitations et, dans les cas les plus graves, privation de l'attention ou de la présence même du maître) ;
– en faisant preuve d'une parfaite cohérence en toutes circonstances : il est par exemple impensable d'autoriser un chiot à monter sur le lit, puis à gronder l'animal s'il agit de la même manière une fois devenu adulte. Le maître doit définir dès le départ une série de comportements acceptables et d'actions taboues, et appliquer les mêmes règles tout au long de la vie du chien ;
– en utilisant le jeu comme une forme d'enseignement, mais en le maintenant toujours sous un contrôle absolu : c'est le maître qui décide quand le jeu commence et quand il s'arrête, sans discussion possible ;
– en adoptant toujours et quoi qu'il en soit un comportement dominant, à savoir ni agressif ni abusif, mais simplement empreint de force, de décision et d'assurance. La figure-guide doit donner au chien l'impression qu'il peut toujours compter sur elle en toutes circonstances : elle inspirera le respect et l'estime, jamais la crainte.

Ni la mère, ni le chef de meute ne font peur aux jeunes chiens : respect et crainte sont deux choses bien distinctes et aboutissent à des résultats radicalement différents en phase de dressage également. Le chien qui respecte sa figure-guide se mettra en quatre pour la satisfaire en tout et s'emploiera à se conduire selon les règles même en son absence. Le chien qui craint son maître n'obéira que pour éviter une punition, et donc de façon mécanique et nonchalante, en faisant le strict minimum pour ne pas s'attirer d'ennuis, mais sans la moindre bonne volonté et sans intérêt (et ne parlons pas d'amour du travail). En l'absence de la figure menaçante, le chien en fera par ailleurs uniquement à sa tête et ne tiendra aucun compte des désirs de son maître. Un chien qui estime et respecte son maître sachant par exemple pertinemment que ce dernier lui a interdit de poursuivre les chats et les poules ne le fera même pas à son insu. Un chien qui craint son maître ignorera les chats et les poules en sa présence, pour éviter une punition, mais donnera libre cours à son instinct prédateur dès qu'il se trouvera hors de sa vue.

Il ne faut absolument pas obéir aux ordres du chien !

Le maître doit être libre de mettre sa main dans la gamelle du chien

Erreurs comportementales du maître

Vous trouverez ci-après une liste d'erreurs de comportement très courantes, dont l'explication réside dans ce qui a été exposé jusqu'ici :
– parler de façon peu compréhensible, en changeant souvent de mots et de ton de voix, même pour demander la même chose. Le chien n'est alors jamais sûr de ce que l'on attend de lui ;
– parler au chien sur un ton trop mielleux, comme si on s'adressait à un tout petit enfant : l'animal assimile cette attitude à une baisse d'autorité ;
– changer d'attitude face au même événement (par exemple, laisser faire une bêtise un jour et se mettre en colère le lendemain pour la même espièglerie) ;
– ne pas jouer avec le chien (pour ce dernier, le jeu constitue la seule méthode de dressage naturelle et parfaitement compréhensible) ;
– se laisser soumettre par le chien pendant le jeu (la mère ou le chef de meute ne permettent jamais qu'un chiot ait le dessus dans un jeu) ;
– perdre souvent patience (les figures-guides sont toutes deux patientes avec les jeunes, et la mère encore plus que le chef de meute) ;
– obéir aux ordres du chien. Cette phrase peut faire sourire, jusqu'à ce que l'on réfléchisse un instant. Il ne vous arrive jamais de donner une friandise au chien parce qu'il vous la requiert d'un geste du museau ou de la patte ? Ou bien de l'emmener dehors parce qu'il est venu vous demander de sortir ? Si la réponse est « oui », vous manquez d'autorité et le chien aura la conviction que c'est lui qui vous commande. Quand le chien demande quelque chose, la réponse correcte consiste à lui lancer un ordre simple (par exemple : « Assis ! »), puis à satisfaire sa requête en récompense de son obéissance ;

– craindre son propre chien. Certaines personnes s'estiment respectueuses des exigences du chien en ne touchant par exemple jamais sa gamelle : mais tant la mère que le chef de meute, nous l'avons vu, exercent une autorité absolue sur la nourriture. Un maître respectable doit être en mesure de toucher l'écuelle quand et comme bon lui semble (même si cela ne doit bien entendu pas constituer un passe-temps ou un divertissement, mais seulement un moyen de réaffirmer de temps en temps son autorité).
Le chiot essayera sans aucun doute de défendre sa nourriture en grognant, ce à quoi le maître réagira immédiatement en hurlant un « Non ! » vraiment effrayant (l'équivalent d'un féroce grondement canin). Au cours des mois suivants, le maître continuera, périodiquement, de mettre sa main dans la gamelle tandis que l'animal mangera, en réprimant instantanément et avec beaucoup d'autorité le moindre signe de protestation. Si le chien se persuade que son maître a un pouvoir absolu sur son écuelle, il ne le considérera pas comme un despote, mais le respectera tout simplement.

Que se passe-t-il quand le chien ne reconnaît pas en son maître la figure-guide ?

Comme nous l'avons vu à propos des rapports chien-chien, une meute sans guide ne saurait exister : il s'agit d'une conviction profondément ancrée chez le chien et que personne au monde ne pourra lui ôter de la tête.
Le résultat d'une éducation trop permissive ou trop violente est le suivant : le chien ne respecte pas le maître et ne reconnaît pas en lui la figure-guide dont il a besoin. En vertu d'une loi naturelle, il se sent donc le devoir de prendre sa place.
Si le chien est un adulte dominant, expérimenté et intelligent, il pourra même être fier et heureux d'une telle situation, contrairement au maître qui sera malheureusement mené à la baguette et auquel l'animal montrera vraisemblablement les dents dès qu'il tentera de désobéir à ses ordres.
Les choses s'avèrent encore pires quand le chien n'est pas un sujet dominant et sûr de lui (et encore un chiot) : tous deux en pâtiront. Le maître ne réussira pas à se faire obéir ou respecter, tandis que de son côté, le chien se sentira écrasé par une tâche au-dessus de ses moyens. Cet état de fait provoque malaise et stress chez l'animal, et se trouve parfois à l'origine de véritables troubles du comportement.

QUAND LE CHIEN « PARLE » À L'HOMME

Le langage du chien est toujours le même : il « parle » avec nous exactement comme il le ferait avec ses semblables. Certains sujets particulièrement intelligents et fins peuvent inventer des formes de communication sur mesure pour l'homme, mais il s'agit d'une exception, et sûrement pas d'une règle. Nous verrons (et parfois reverrons) dans ce chapitre les « mots » qui composent le vocabulaire canin, en essayant de fournir leur traduction fidèle.

EXPRESSIONS VOCALES

Aboyer

L'aboiement, comme on l'a dit, est une manifestation néoténique : les canidés sauvages n'aboient pratiquement jamais. Le chien domestique, au contraire, a été sélectionné exprès pour devenir un grand « clabaudeur » à des fins humaines : il a donc développé plusieurs modulations vocales qu'il continue d'émettre à l'âge adulte, de façon différente en fonction des races.
L'aboiement proprement dit peut constituer un avertissement, une menace, un défi, mais aussi une invitation au jeu ou une demande (de nourriture, d'eau, etc.).
L'aboiement revêt divers tons suivant sa signification, et presque tous les propriétaires de chiens apprennent vite à les distinguer.

Glapir

Le glapissement équivaut à une demande d'aide précise : les chiots y ont très souvent recours, tout comme les adultes quand ils se sentent en danger.

Faire kaï-kaï

Il s'agit d'un signal vocal que tous les maîtres connaissent parfaitement et qui signifie : « Aïe, comme ça fait mal ! ». Chez les chiots, surtout, mais parfois chez les adultes également, il peut traduire une forte peur ou une soumission totale. Les chiots émettent des kaï-kaï désespérés quand ils voient leur père pour la première fois, même si ce dernier n'a pas touché à un seul de leurs poils.

Gémir

Le chien gémit (c'est-à-dire qu'il émet des gémissements étouffés et prolongés qui, chez certaines races – comme les Huskies – ressemblent quelquefois à un véritable discours) lorsqu'il est en proie à un malaise psychologique. Pour entendre un large éventail de gémissements, il suffit de visiter un chenil : chaque chien, en voyant une personne derrière les barreaux, gémira quelque chose, signifiant : « Emmène-moi, je veux sortir d'ici ! »
Les chiens qui gémissent le plus – et qui sont généralement ceux qui aboient le moins – peuvent aussi utiliser ce signal vocal pour exprimer leur désaccord à l'égard d'une action du maître : l'un de mes Huskies d'ordinaire très silencieux m'en apporta une preuve vraiment insoutenable le jour où je décidai de changer la décoration de mon salon. Il n'approuvait pas du tout le fait que je déplace les meubles (les chiens sont extrêmement routiniers) et commenta l'événement par un gémissement incessant qui dura pratiquement toute l'après-midi.

Hurler

Le hurlement est une activité vocale sociale qui permet :

Loups hurlant

– au membre égaré d'une meute de faire connaître sa position (et la meute lui répond habituellement en chœur pour lui dire : « Nous sommes ici, rejoins-nous ! ») ;
– à une meute séparée de l'un de ses membres de l'appeler, ce qui se produit surtout quand le membre isolé occupe un rang très élevé ; lorsqu'un loup de rang inférieur se retrouve isolé, les autres s'en moquent dans la plupart des cas ;
– à une meute entière d'indiquer les limites de son territoire ;
– de renforcer les rapports au sein de la meute.

Les chiens domestiques hurlent proportionnellement à leur position sur l'échelle néoténique : ceux qui occupent le haut de cette échelle (à savoir les plus lupoïdes) hurlent beaucoup plus que les autres. Bon nombre de races (surtout celles largement manipulées par l'homme) ne manifestent plus ce comportement.

Mes Huskies, qui sont en revanche des chiens très lupoïdes, entonnaient parfois des sérénades du plus bel effet auxquelles je pouvais mettre un frein uniquement en ouvrant la fenêtre et en hurlant en retour. Ils cherchaient en réalité le chef de meute (moi) et se tenaient tranquilles quand ils entendaient ma voix. Le fait que je puisse passer pour une imbécile aux yeux de quiconque m'aurait vue hurler à la fenêtre est toujours demeuré au second plan : un chef de meute a un rôle précis à jouer qu'il ne lui est pas permis d'oublier (par chance, j'habitais une maison isolée).

Le chien domestique semble ne jamais hurler pour des raisons territoriales, même lorsqu'il fait partie d'une meute (groupe de chiens vivant ensemble) ; en contrepartie, il hurle parfois en ré-

Plus le chien occupe le haut de l'échelle néoténique, comme ce Border Collie, plus il aura tendance à hurler

Le hurlement est une forme de langage social

ponse à des bruits très différents d'un hurlement, mais qu'il identifie comme tels. Les sons de cloches, les sirènes, la musique... ou le chant de son maître comptent parmi les exemples classiques.

Il ne faut alors pas se décourager : rien ne dit que vous chantez comme un chien. C'est simplement que le chien ne conçoit pas la musique comme telle et, ne sachant comment l'interpréter, pense qu'il s'agit d'un appel social. Le hurlement est l'un des facteurs qui réussissent à déclencher ce que l'on désigne, en éthologie, sous le terme de comportement allélomimétique : un membre de la meute est imité par tous les autres (d'où les chœurs de hurlements).

Le *growl*

Le *snarl*

Cette forme de communication revêt beaucoup d'importance pour le loup, au point que les louveteaux commencent à s'exercer dès leur plus jeune âge.
Rappelons que le chien n'est pas un animal mimétique : il s'avère incapable d'apprendre quoi que ce soit par le biais de l'imitation, contrairement à ce qui se produit chez les primates, par exemple. Le comportement allélomimétique constitue davantage une sorte de « transmission d'états d'âme » qu'une véritable imitation réalisée dans un but précis.

Éternuer

Le chien ne s'enrhume pas : cette espèce d'éternuement qu'il produit souvent est en réalité un souffle d'avertissement. Équivalant à un aboiement gueule fermée, il constitue le premier signal de quelque chose de suspect, dont le chien n'a cependant pas encore la certitude.

Grogner

Le grognement est toujours un signal d'agressivité, mais, comme nous l'avons vu, agressivité ne rime pas systématiquement avec mauvaises intentions. Un chien peut grogner en jouant (au jeu du tirer-lâcher, par exemple) : il n'est alors pas agressif envers son maître, mais envers la proie-sac (ou la manchette, etc.).
Le grognement adressé à une personne constitue un avertissement, soit léger, soit réellement menaçant.
L'avertissement léger se conjugue presque toujours avec le grognement gueule fermée, que les Anglais appellent *growl*. La traduction est plus ou moins la suivante : « Ça suffit, j'en ai assez, fiche-moi la paix ! » Le chien peut aussi émettre un *growl* au cours d'un jeu, ou pour dire à son maître qu'il ne veut plus être caressé.
La véritable menace s'accompagne en revanche du *snarl*, ou grognement en montrant les dents.
Comme nous l'avons vu précédemment, le chien dominant découvre ses dents en plissant les lèvres vers l'avant, alors que le sujet soumis les étire en arrière.
Le *snarl* s'associe toujours à d'autres signaux précis, envoyés par la mimique faciale et corporelle.
Les oreilles droites (ou pointées en avant), le regard planté dans les yeux du rival et la queue en l'air expriment une agressivité alliée à une domination. Pour désamorcer le conflit latent, il suffit dans la plupart des cas de répondre par des attitudes de soumission, en détournant par exemple le regard et en ramassant un peu son corps de manière à se faire tout petit.
Fixer un chien dans les yeux ou chercher à l'effrayer par sa stature constituent par contre des signes de domination (et donc de défi), susceptibles de provoquer une attaque de sa part.
Il ne faudrait bien entendu jamais adopter une posture soumise à l'égard de son chien

(qui ne devrait de toute façon pas non plus grogner après vous : s'il le fait, c'est que vous avez commis une grave erreur dans son éducation) ; cette astuce peut en revanche s'avérer très utile pour éviter une agression de la part d'un chien inconnu.
Si le chien grogne parce que vous êtes entré sur son territoire, sa menace n'aura rien à voir avec la domination et dérivera uniquement de son sens de la territorialité : le seul moyen d'éviter une attaque consiste alors à décamper au plus vite.
Si le chien grogne avec les oreilles couchées, la queue basse et le regard fuyant, il est agressif mais soumis, et vraisemblablement peu sûr de lui.
Si vous vous trouvez sur son territoire, sa situation hiérarchique n'améliore pas beaucoup les choses, au contraire : il se sentira bien plus menacé par votre attitude dominante et risquera de vous attaquer.
Si vous vous trouvez en terrain neutre, vous le réduirez sans aucun doute à la fuite par un comportement dominant (par exemple, en hurlant contre lui, en le fixant dans les yeux et en vous faisant le plus grand possible) ; néanmoins, un chien dans l'impossibilité de se sauver mordra par peur.
Défier hiérarchiquement un chien inconnu s'avère toujours risqué, et cette solution ne sera choisie qu'en cas d'urgence absolue. Autrement, mieux vaut s'éloigner calmement, sans gestes brusques, en sortant petit à petit de ce que le chien considère comme sa « zone de sécurité » et où il se sent menacé par la présence d'un rival.
Partir en courant représente la pire des réactions, car elle pourrait stimuler l'instinct prédateur du chien et l'inciter à vous poursuivre.

LES MIMIQUES CORPORELLES

Grâce à la mimique corporelle, le chien indique à l'homme sa position hiérarchique et lui adresse également des requêtes précises. Voyons les exemples les plus courants.

Se coucher sur le dos

Signe de soumission passive. Cela signifie selon les cas :
– « J'ai compris que c'est toi qui commandes, tu es le plus fort, tu m'effrayes un peu et je reconnais ton autorité » ;
– « Pardon, tu as raison, je me suis trompé et je m'en rends compte » ;
– « Ça suffit, je me rends, arrête de me gronder (me taper). »
Face à cette démonstration de soumission, le maître doit immédiatement renoncer à l'action punitive qu'il envisageait d'entreprendre : continuer ne serait pas naturel et irait à l'encontre du savoir-faire canin.
Si le chien se renverse alors qu'il n'a absolument pas été puni (les sujets très soumis agissent ainsi même quand on les caresse), le maître ne

Toucher avec la patte constitue parfois un signe de domination

devrait pas trop insister non plus avec les caresses (qui représentent un acte de domination), mais se limiter à un bref signe d'approbation, puis laisser l'animal tranquille. Dans le cas contraire, le chien pourrait devenir trop soumis.

Donner la patte

Ce geste dérive de celui avec lequel les chiots pressent le ventre maternel pour faire sortir le lait. Il ne revêt donc pas la même signification que la poignée de main humaine, comme l'avait suggéré Lorenz, mais équivaut à une demande de nourriture et, par extension, d'attentions en général.
Traductions possibles :
– « Je suis là, ne m'ignore pas » ;
– « J'ai faim » ;
– « On joue un peu ? »

Attention, toutefois : poser une patte sur le dos ou la tête constitue un geste de domination, en principe affectueuse, mais qu'il ne faut pas pour autant sous-estimer. Il s'agit d'une sorte de tentative réalisée par le chien pour sonder la position d'un supérieur hiérarchique.
Traduction : « Cela t'ennuierait beaucoup si, à partir d'aujourd'hui, c'était moi qui commandais ? »

En vous sautant dessus, le chien envoie un signal de pacification

Donner de petits coups de museau sur le visage

Ce geste a lui aussi une origine infantile : les chiots donnent en effet de petits coups de museau à la commissure des lèvres de leurs parents pour les inciter à régurgiter de la nourriture en phase de sevrage. Cette pratique, commune chez les canidés sauvages, n'est demeurée que chez certains chiens domestiques (les plus primitifs) et a disparu chez beaucoup d'autres races. Mais les chiots continuent imperturbablement de toucher la commissure des lèvres avec leur museau, même si la mère ne réagit plus par la régurgitation.
Chez le chien adulte, il s'agit d'un signal de pacification, d'une offre d'amitié, d'une recherche de sécurité et d'une manière de manifester de l'affection. Quand le chien vous saute dessus, son objectif consiste justement à atteindre votre visage pour vous donner de petits coups en guise de salut et de paix.
Traduction : « Je t'aime bien, fais-moi sentir que tu es mon guide et que je peux avoir confiance en toi. »

Le signal d'invitation au jeu typique

Donner de petits coups de museau sur la gorge

Seuls les chiens fortement lupoïdes effectuent ce geste, qui exprime exclusivement la soumission.

Donner de petits coups de museau sur les bras ou les jambes

Il s'agit en général d'une demande, un peu comme quand nous tapons sur l'épaule d'un ami.
Traductions possibles :
– « Caresse-moi » ;
– « J'ai faim » ;
– « Je voudrais sortir. »
Comme nous l'avons dit plus haut, le maître ne devrait pas obéir servilement à ces requêtes, mais faire accomplir auparavant un exercice simple au chien.
Attention : tous les petits coups de museau peuvent aussi être mimés, et non pas exécutés réellement ; le chien donne alors des coups dans le vide, sans toucher effectivement la moindre partie de notre corps. La direction des mouvements du museau indique ce que le chien essaye d'exprimer.

Appuyer l'arrière-train contre les jambes, donner des coups de hanche ou d'arrière-train

Ces gestes constituent également des signaux de soumission active et, par conséquent, de pacification et de jeu. Certaines races jouent beaucoup avec leur corps (les Boxers, par exemple), d'autres moins.
Traduction : « Je n'ai pas l'intention de mettre en doute ta position hiérarchique, mais tu ne m'effraies pas au point de me soumettre passivement : je préférerais devenir ton ami et jouer avec toi. »

Abaisser l'avant-main et maintenir l'arrière-train en l'air

Il s'agit d'une posture d'invitation au jeu très claire, qui a une seule signification sans équivoque : « On joue ? »

Remuer la queue

La queue est l'une des parties les plus expressives du chien, qui l'utilise :
– soit pour indiquer sa position hiérarchique (haute, domination ; basse, soumission) ;
– soit pour traduire la peur (queue entre les pattes) ;
– soit pour diffuser son odeur (balancement).
Mais en remuant la queue, le chien peut aussi exprimer l'amitié, la perplexité, l'angoisse et l'indécision : il n'est donc pas toujours facile de comprendre immédiatement la signification d'une queue qui s'agite.

Dans son livre intitulé *Le chien : tous les pourquoi*, Desmond Morris a émis l'hypothèse selon laquelle le balancement de la queue constituerait systématiquement le signe d'un état d'âme conflictuel. Selon lui, le chien qui remue la queue devant son maître exprime à la fois la joie et la crainte : d'un côté, il voudrait lui sauter dessus car il est heureux de le voir, et, de l'autre, il s'avère effrayé par son autorité et aurait par conséquent envie de se sauver. Résultat : un stress général qui s'évacue par l'agitation de la queue.
Personnellement, je ne suis pas d'accord avec cette interprétation, même s'il est indubitable qu'un chien en proie à un conflit intérieur remue parfois la queue.
À mon avis (par observation directe et pour avoir lu de nombreuses explications de différents auteurs en la matière), il existe plusieurs degrés de balancement correspondant à des états d'âme parfaitement distincts :
– le balancement de conflit s'exécute généralement de façon lente et rythmée, un peu comme un chat qui agite sa queue. Un chien qui remue la queue de façon conflictuelle peut s'avérer indécis sur la question de savoir s'il se trouve face à un ami ou à un adversaire : si le rival (homme ou chien) se comporte de manière à le faire pencher vers la seconde solution, le chien peut même décider d'attaquer ;
– le balancement d'excitation est rapide et, parfois, chaotique, à savoir sans rythme précis : il s'exécute avec la queue haute ou basse, suivant le degré de domination du chien. L'excitation peut être joyeuse (comme en cas d'arrivée du maître), mais également agressive ou cynégétique (les chiens de chasse remuent souvent la queue à toute vitesse quand ils suivent la piste d'une proie). Les Teckels et certains autres chiens au maximum de l'excitation remuent leur queue en hélice, en lui faisant décrire des tours complets ;
– le balancement de soumission active (typique des chiots) s'avère extrêmement rapide et presque toujours exécuté avec la queue entre les pattes, au point que l'extrémité du fouet (la seule partie à s'agiter furieusement) se retrouve même sous le ventre ;
– le balancement de domination, qui sert aussi à diffuser son odeur alentour, est à peine esquissé, toujours exécuté avec la queue haute et d'une manière presque distraite : le reste du corps, en effet, ne semble pas joyeux et frétillant, mais plutôt tendu et raide.

Lever une patte avant

Cette posture, ritualisée dans l'arrêt des chiens de chasse, se retrouve également chez toutes les autres races (en particulier chez les terriers). Elle traduit une concentration maximum, mais peut aussi accompagner une indécision. Les deux choses ne s'opposent pas, car l'état de doute requiert une grande concentration afin de résoudre le problème en question.
Pour distinguer la concentration active de la méditation sur l'attitude à adopter, il convient d'observer le reste du corps et l'expression du museau, qui s'avèrent généralement très faciles à interpréter.
Traductions possibles :
– « Je suis très concentré » ;
– « Je ne sais pas très bien comment me comporter. »

Hérisser le poil du dos

La pilo-érection se manifeste à diverses occasions et revêt dif-

La posture d'arrêt dénote la concentration, l'indécision ou un mélange des deux

férentes significations. Lorsque deux chiens se rencontrent pour la première fois, celui qui se sent le plus dominant hérisse en général son poil (dans le but d'agrandir son corps). En revanche, quand deux chiens qui se connaissent bien se croisent, la pilo-érection concerne presque toujours le sujet soumis.
On ignore encore la raison précise de cette différence. À la première rencontre, le fait d'agrandir son corps constitue un signe de domination normal, mais lors des rencontres suivantes, il est probable que le hérissement du poil soit dû à la fois à la soumission et à la crainte : le chien accepte de se soumettre, mais s'avère également effrayé par l'autre et hérisse son poil en essayant de paraître plus grand.
La traduction ressemblerait à quelque chose du genre : « D'accord, je te laisse commander : mais ne fais pas trop le malin, car je ne me laisserai pas écraser si facilement ».
Tous les chiens, indépendamment de leur degré de domination, hérissent par ailleurs leur poil quand ils sont surpris par un bruit ou un phénomène inattendu. Leur réaction se rapproche alors de notre « chair de poule », qui entraîne aussi chez le chien un hérissement des poils.

LES MIMIQUES FACIALES

Cligner des yeux

Le chien cligne souvent littéralement des yeux, en battant des paupières. Il s'agit d'un signal de non-belligérance et, parfois, de soumission.
Traductions possibles :
– « Mes intentions sont amicales » ;
– « C'est toi le chef » ;
– « Excuse-moi. »

Garder les yeux mi-clos

Autre signal de non-belligérance.
Traduction : « Je n'ai pas l'intention de me disputer, je voudrais devenir ton ami. »

Garder la gueule ouverte et les lèvres lâches

Quand un chien garde sa gueule ouverte et ses lèvres lâches, sans les plisser, il est généralement détendu et n'a

Différentes réactions en attendant de monter sur le ring d'une exposition de beauté : ennui mortel pour elle (l'auteur), détente pour le chien

pas d'intentions agressives. Même s'il ne grogne pas, le chien qui envisage de mordre a toujours la gueule fermée.
Un chien dans une posture détendue peut aussi, bien entendu, mordre sans préavis, mais il faut qu'une raison bien précise le pousse à agir ainsi (une douleur subite, comme une patte ou une queue écrasée, par exemple). Traduction : « Je vais bien, ne t'inquiète pas. »

Plisser les lèvres et montrer les dents

Comme nous l'avons déjà vu, cette mimique exprime l'agressivité et constitue une marque de domination ou de soumission selon que les lèvres sont respectivement plissées en avant ou étirées en arrière.
Le geste peut ne pas s'accompagner d'un grognement, mais n'en reste pas moins une menace et l'éventuel prélude à une attaque. Traduction : « Attention, au moindre faux pas, je t'agresse. »

Regarder droit dans les yeux

Chez les chiens, il s'agit toujours d'un signe de provocation, d'autant plus accentué qu'il s'accompagne d'une mimique corporelle à caractère dominant.
Les chiens domestiques fixent néanmoins souvent leur maître dans les yeux afin de mieux saisir ses ordres ou ses états d'âme, un comportement qu'ils ont également acquis par la domestication.
Lorsque le chien fixe amicalement un homme, le reste de son corps traduit une profonde décontraction (ou bien envoie des signaux de soumission). Un chien qui vous fixe avec un corps raide et tendu vous lance au contraire un défi et vous témoigne en outre de l'agressivité s'il montre le blanc de ses yeux.

Oreilles pointées en avant ou couchées en arrière

La position des oreilles indique le degré de domination du chien, mais aussi son niveau d'assurance. Des oreilles droites ou pointées en avant expriment une domination et/ou une assurance maximum ; des oreilles complètement rabattues en arrière, presque écrasées sur la tête, traduisent en revanche une soumission et/ou un manque d'assurance maximum.
Tous les stades intermédiaires correspondent à des états d'âme intermédiaires.
Bon nombre de chiens, quand ils saluent leur maître, redres-

La position des oreilles reflète fidèlement l'état d'âme du chien

Ça, c'est avoir sommeil !

Le bâillement est un signe de pacification

sent et couchent sans cesse leurs oreilles : cela signifie que l'animal se sent sûr de lui quand son maître est près de lui, mais qu'il se soumet également à ce dernier. L'alternance des deux gestes dénote la présence simultanée des deux états d'âme, qui s'expriment donc en s'enchaînant rapidement. La position des oreilles ne revêt bien entendu une valeur hiérarchique que dans le cas d'un contact rapproché chien-chien ou chien-homme : dans toutes les autres situations, le chien gardera ses oreilles droites s'il est attentif, et détendues s'il ne s'intéresse pas particulièrement à ce qui l'entoure.

Bâiller

Contrairement à l'homme, le chien ne bâille pas d'ennui. Il bâille en revanche de fatigue et parce qu'il a sommeil, tout comme nous. Mais le bâillement constitue également un moyen de communication et, plus exactement, un signal de pacification. C'est la raison pour laquelle le chien bâille souvent quand son maître le gronde (et non pas pour se moquer de lui !).

Mâcher de l'air

Ce geste caractéristique qui consiste à mâcher dans le vide équivaut, chez le chien, à un comportement de pacification. Il dérive probablement de l'association mentale apaisement de la faim signifie état de bien-être. Le chien l'exécute aussi bien à l'égard de ses semblables qu'envers son maître.

Le fait de lécher dans le vide constitue également un signe de pacification

Lécher dans le vide

Le chien exécute le geste consistant à lécher (y compris loin de la cible) quand il veut lancer des signaux de pacification... même s'il semble parfois vraiment « faire la nique ».

La prise par le museau et le cou est un signe de domination

COMPORTEMENTS PARTICULIERS

Outre l'emploi de la simple mimique, le chien peut essayer d'exprimer ses états d'âme par le biais de modèles ou de stéréotypes comportementaux que le maître ne saisit pas toujours. L'homme a en réalité souvent tendance à se méprendre sur les attitudes qu'il trouve inopportunes ou inconvenantes (et qui sont peut-être parfaitement naturelles) ; à l'inverse, il ignore quelquefois des comportements traduisant un profond malaise de l'animal et susceptibles – en cas de négligence – de dégénérer en de véritables pathologies. Voici une liste de comportements de l'un et l'autre type, qu'il convient de savoir interpréter correctement.

Prendre dans la gueule

Le chien se sert de sa gueule comme l'homme de ses mains : prendre quelque chose (ou quelqu'un !) dans sa gueule n'équivaut donc absolument pas à le mordre. Le chien saisit aussi dans sa gueule le bras d'un enfant pour le sauver d'une situation qu'il estime dangereuse, ou bien la main de son maître pour sortir dehors parce qu'il a besoin de faire pipi.

Il arrive que ce geste soit mal interprété (et que l'enfant réagisse, par exemple, en opposant une résistance) : le chien accentuera alors en toute logique sa prise et risquera de laisser l'empreinte de ses dents. Le tout sans avoir jamais eu la moindre intention agressive.

Les chiens adultes prennent souvent dans leur gueule le museau (voire la tête en entier !) des chiots : il s'agit d'un geste de domination, mais aussi de pacification. Le chiot se soumet sans manifester de signes de peur, car il a appris (de sa mère, la première à l'attraper par le museau) que les adultes n'entendent pas lui faire le moindre mal. La prise par le museau revêt même la signification inverse, à savoir : « Tu vois ? Je pourrais te broyer, mais je ne le fais pas parce que je n'éprouve aucune agressivité à ton égard. » Et en effet, après une prise par le museau, les chiots commencent souvent à jouer beaucoup plus fortement qu'auparavant avec les adultes, qui ont ainsi manifesté des intentions pacifiques.

La prise par le museau s'applique très souvent à des chiots, mais les adultes dominants l'exécutent également parfois avec des adultes soumis et l'accompagnent alors fréquemment d'une prise par le cou.

Lécher

Ce geste constitue la première marque d'affection et d'assistance parentale dont le chiot bénéficie : la mère lèche en effet ses petits pour les nettoyer.

Par la suite, le chien lèche en signe d'affection, de soumission et de pacification.

Le chien lèche également son partenaire pendant la phase de cour, de sorte que des coups

Se lécher constitue un geste amical et de pacification

de langue trop appuyés et répétés entre un sujet mâle et sa maîtresse (humaine) risquent d'inciter l'animal à se considérer comme son petit ami et non pas simplement son chien. Cela peut entraîner des conséquences désagréables allant de l'hyperprotection de type sexuel (le chien ne permet pas à d'autres mâles de s'approcher de sa maîtresse, mais ne manifeste aucune agressivité envers les autres femmes) à l'instauration de véritables comportements sexuels déviants (le chien réserve ses attentions aux femmes au lieu des chiennes).
Si, par conséquent, un petit coup de langue doit être accueilli avec bienveillance, il faut en revanche empêcher le chien d'exagérer dans ce domaine.

Renifler les parties intimes

Ce geste apparemment inconvenant, dont les maîtres ont souvent honte, représente tout simplement pour le chien un moyen naturel de faire connaissance.
Les chiens se flairent réciproquement le derrière, car les glandes situées autour de l'anus émettent des signaux précis concernant le sexe, l'âge et l'état de santé du sujet. Les chiens (surtout ceux très jeunes) recherchent le même type de renseignements en reniflant le postérieur des personnes : nous ne possédons pas de glandes périanales aussi explicatives, mais il est probable que l'animal déchiffre néanmoins ainsi quelques informations sur notre compte.
Traduction : « Je veux découvrir qui tu es. »

Simuler une saillie

Rares sont les cas où ce geste revêt une signification sexuelle : il s'agit beaucoup plus souvent d'une marque de domination, comme le prouve le fait que les chiots encore immatures sur le plan sexuel ont l'habitude de l'exécuter.
Le maître doit, quoi qu'il en soit, intervenir fermement : soit pour expliquer au chien qu'il n'a pas le droit de faire des avances aux êtres humains, soit pour lui faire comprendre qu'il ne tolère aucune manifestation de domination de sa part.

Poursuivre sa queue

Ce comportement fait parfois simplement sourire le maître, mais constitue en réalité un sérieux signe de stress. Les mouvements circulaires visant à capturer sa queue se fixent quelquefois de façon pathologique, en donnant naissance au fameux phénomène du *tail chasing*.
Je reproduis ci-après quelques extraits d'un article de Luca Rossi sur ce sujet : *Le phénomène concerne plus souvent des chiens génétiquement prédisposés à adopter un tel comportement : l'instinct prédateur s'avère généralement fortement inscrit dans leur patrimoine caractériel. On relève en outre fréquemment une prédisposition innée à l'hyperkinésie.*
Les chiens vivant à proximité immédiate de rues au trafic intense, continuellement soumis à l'impact visuel du passage rapide des véhicules, poursuivent parfois ces derniers comme s'il s'agissait de proies : mais arrivés au bout

Le *tail chasing* (courir après sa queue) est un symptôme de stress

de la clôture, ils se trouvent dans l'impossibilité d'achever leur poursuite et se lancent alors dans le tail chasing.

L'ennui et le faible partage de moments divertissants et agréables avec les membres de la famille peuvent également pousser le chien à « décharger » son excès d'énergie par ce stéréotype comportemental qui, chez certains sujets, aboutit à des manifestations maniaques.

Pour tenter de résoudre ce problème, il convient d'agir simultanément sur la cause (facteurs déclenchants) et sur les effets (manifestations comportementales).

La première intervention consiste à faire examiner la queue par le vétérinaire, afin de supprimer d'éventuelles sources de douleur.

La seconde concerne le contrôle de la ration alimentaire. Très souvent, les chiens victimes de tail chasing bénéficient de régimes hypercaloriques qui fournissent au sujet de grandes quantités d'énergie. Quand on ne donne pas au chien l'occasion de dépenser cet excès d'énergie (vie sédentaire), il la « décharge » la plupart du temps en se lançant dans des pratiques de destruction, d'automutilation, de tail chasing, etc. Le contrôle de la ration journalière devrait comporter le calcul de l'apport énergétique d'après le stade de croissance du chien, l'activité motrice quotidienne, les conditions atmosphériques (températures basses ou élevées).

Augmenter l'activité physique du chien affecté de tail chasing s'avère décisif. La règle veut que l'animal partage chaque jour une activité dynamique ciblée avec son maître. Jouer par exemple avec deux balles, en incitant le chien à poursuivre sa « cible » et en s'arrangeant pour qu'il capture et s'empare de cette dernière, s'avère profitable pour deux raisons : développer l'estime de soi du chien et constituer un moment de coopération active avec le propriétaire.

La pratique cynophilo-sportive de l'agility a aidé de nombreux chiens victimes de tail chasing à résoudre leur problème. L'exploration du terrain, le pistage sportif et la quête au bois du propriétaire représentent autant d'excellentes activités réalisées ensemble par le duo chien-maître.

Il convient par ailleurs d'exclure la possibilité de subir les impacts visuels du passage et de la fuite rapide de véhicules, ou tout autre facteur déclenchant pour le chien.
En cas de récidive ou de manifestations profondément ancrées, on peut recourir à des médicaments, administrés au chien sous contrôle vétérinaire strict. Mieux vaut à mon avis agir rapidement et en temps utile. Quand le propriétaire se rend compte de cet étrange mouvement circulaire, il doit intervenir convenablement et sans délai, dès les premiers épisodes, pour empêcher le vice de s'enraciner.
Toute forme de punition est à bannir. Rappelons que le tail chasing *constitue un symptôme de tension émotionnelle : punir des manifestations dictées par des facteurs émotionnels aboutirait à l'effet inverse.*

Les rapports entre les chiens et les autres animaux

Pour le chien, les rapports intraspécifiques vont d'un extrême à l'autre : selon les besoins de l'homme, soit il protège et défend les autres animaux, soit il les chasse, les poursuit et les tue.
Y compris au sein d'une même discipline, comme la chasse, on demande au chien de se comporter différemment en fonction des cas. Certains ne sont pas autorisés à s'élancer derrière la proie et doivent au contraire demeurer immobiles, tandis que le chasseur manie son fusil. D'autres peuvent en revanche chasser de manière naturelle, en poursuivant le gibier et en le tuant, sur terre ou bien à l'intérieur d'un terrier.
Tout cela nous paraît évident, car il s'agit de réalités que nous avons chaque jour sous les yeux : mais pour peu que l'on y réfléchisse un instant, l'éclectisme du chien s'avère véritablement incroyable. Quel autre animal serait capable, uniquement pour satisfaire nos désirs, d'assumer des rôles radicalement opposés ?
Pour obtenir des chiens de berger et de chasse, l'homme a en fait tiré parti des mêmes traits de caractère : l'instinct prédateur et la possessivité. Ces qualités ont simplement été plus ou moins développées (ou bloquées) suivant les besoins.

LES CHIENS DE BERGER

Il existe deux types de chiens de berger : l'un conduit le bétail (et s'avère donc en mesure de diriger et de rassembler les animaux), et l'autre le défend.
Le premier type a été sélectionné par les populations qui, à l'instar des bergers transhumants, avaient besoin de se déplacer beaucoup pour trouver des pâturages appropriés.
Le second type a en revanche été sélectionné par des peuplades pastorales qui changeaient rarement leur bétail de place, mais qui devaient parfois le laisser (parfois pendant des semaines), sans la moindre garde, à la merci d'éventuels prédateurs.
Dans chaque partie du monde, les modèles canins se sont différenciés au fil du temps suivant leur emploi. Grands et forts, les chiens de défense devaient être capables de longues attentes paisibles, mais aussi se montrer prêts à bondir avec courage et agressivité en cas de besoin. Citons, à titre d'exemple, le Berger du Caucase, sélectionné en Russie ; le Mâtin espagnol et le Mâtin des Pyrénées, tous deux ibériques ; le Berger des Abruzzes et de Maremme, italien.
Ces chiens, quasiment tous des molossoïdes, n'ont jamais entretenu un profond rapport de dépendance vis-à-vis de l'homme, car ils ont en réalité presque toujours travaillé... à leur compte : on les laissait garder le bétail tout seuls, et il suffisait au berger de persuader le chien que les animaux lui appartenaient. La possessivité faisait le reste, en rendant la vie des prédateurs et des... individus malintentionnés bien difficile.
Les chiens conducteurs de troupeaux, au contraire, ont noué un lien très étroit avec l'homme, sous les ordres duquel ils ont été amenés à travailler. Mais pas uniquement : pour conduire efficacement le troupeau, ils ont toujours dû conserver un puissant instinct prédateur et adopter des comportements semblables à celui du loup. Cet instinct a évolué différemment en fonction des besoins : le Border Collie écossais, que l'on affecte également à la conduite des oies, a par exemple acquis le comportement d'un loup qui s'approche furtivement de sa proie... sans aller plus loin. Son regard attentif et fixe suffit pour que les animaux, effrayés, se déplacent en groupe suivant ses mouvements.
La plupart des autres races bergères ont recours à des

Chien de berger conducteur

Chien de berger défenseur

méthodes de persuasion plus fermes, qui consistent à mordre les animaux les plus récalcitrants. Un tel traitement ne saurait bien entendu s'appliquer à un groupe d'oies (sous peine de les blesser), mais les chiens conduisant des moutons ou des vaches peuvent utiliser sans risque la manière forte – jusqu'à une certaine limite, évidemment.

Le Border Collie s'est arrêté au troisième stade de l'échelle néoténique (celui du rabatteur), alors que les chiens recourant à la morsure se situent entre le troisième et le quatrième stade (du talonneur). Le fait que le Border soit plus chiot au dedans que les autres bergers conducteurs explique sa formidable faculté d'adaptation et son extraordinaire facilité de dressage. Aucun chien conducteur ne se permet jamais de prendre des initiatives personnelles : il attend toujours et exclusivement l'ordre du maître, car il reconnaît en l'homme le chef de meute.

Les chiens de défense, en revanche, ont tendance à décider d'eux-mêmes ce qu'il faut faire, quand et comment, sans at-

Les chiens chargés de défendre le troupeau, comme le Mâtin espagnol, sont capables de longues attentes paisibles

La conduite du Border Collie simule les mouvements d'un prédateur

tendre l'intervention humaine. C'est la raison pour laquelle le Berger de Bergame, par exemple, a un caractère totalement différent de son compatriote le Berger des Abruzzes et de Maremme. Ce dernier est un chien indépendant, difficile à dresser et peu enclin à se lier d'amitié avec des sujets du même sexe ; le Berger de Bergame, au contraire, est un chien doté d'un profond sens de la hiérarchie, très obéissant, et la vie en meute s'avère pour lui absolument naturelle, au point que des sujets du même sexe peuvent cohabiter sans le moindre problème.

LES CHIENS DE CHASSE

Les chiens de chasse se répartissent eux aussi en plusieurs catégories suivant leurs aptitudes, toujours induites par l'homme :
– les chiens courants (limiers) ont un instinct prédateur particulièrement développé, qui les pousse à flairer la piste des bêtes sauvages en guidant les chasseurs vers ces dernières. La proie une fois rejointe, les chiens se jettent sur elle (à moins d'avoir été dressés autrement) ;
– les lévriers et certains chiens primitifs (tel le Cirneco de l'Etna) se distinguent des chiens courants par le fait qu'ils chassent en se servant principalement de leur vue, au lieu d'utiliser leur odorat. Mais quand ils identifient leur proie, ils la poursuivent et la tuent également ;
– les rapporteurs (Spaniels et Retrievers) ont un instinct prédateur moyen et se sont surtout arrêtés au deuxième stade de l'échelle néoténique, à savoir celui du jeu : ils adorent prendre les choses dans leur gueule et « jouer » (pour eux) à les rapporter à leur maître ;
– chez le chien d'arrêt, l'instinct prédateur a été « bloqué » au stade initial, celui de la quête, et il lui est absolument interdit de courir après la proie, car il se retrouverait alors sur la trajectoire du fusil et risquerait sa vie.
La posture d'arrêt s'observe chez tous les chiens, même ceux qui ne sont pas de chasse, quand ils s'avèrent très absorbés par quelque chose et/ou lorsqu'ils se déplacent avec précaution pour ne pas se faire remarquer par la proie qu'ils ont, justement, visée. Chez les sujets spécialisés dans cette fonction, l'arrêt a été stigmatisé par la sélection humaine, qui l'a fixé en tant que comportement ritualisé en présence de la bête sauvage.

L'AMITIÉ ENTRE ESPÈCES DIFFÉRENTES

La légende ci-après concernant l'origine du chien et du chat nous vient des Limba du Sierra Leone. Il s'agit d'une histoire rien moins que sympathique : cynophiles et catophiles n'approuveront certainement pas le fait que la création du chien et du chat soit considérée comme une... punition divine !
Mais j'ai voulu rapporter ce passage pour montrer que, depuis les temps les plus reculés, être comme chien et chat a toujours été synonyme d'inimitié et d'antipathie réciproque :

Les retrievers adorent prendre les choses dans leur gueule

L'arrêt est la simulation d'un geste prédateur bloqué au stade initial

Quand Dieu eut fini de créer la Terre, les animaux et les êtres humains, il décida d'aller se promener incognito au milieu de ses créatures, et même de les mettre à l'épreuve. Il se transforma donc en pauvre hère, se vêtit de peaux de singe et, muni d'un bâton et d'une besace, prit la direction de la Terre en quête de ses créatures préférées : l'homme et la femme, justement, pour voir si elles le reconnaîtraient. Il passa de village en village, mais personne ne lui souhaita la bienvenue : les uns s'excusaient en disant qu'ils n'avaient pas de place ; les autres, qu'ils n'avaient plus de nourriture ; sans compter ceux qui le prenaient pour un voleur, etc.

Un jour, le pauvre hère arriva dans un village des Birrwa appelé Kasassi et, se rendant d'une cabane à l'autre, rencontra un homme dénommé Saidu qui lui réserva un très bon accueil, bien qu'il n'ait pas beaucoup de nourriture et de vin à lui offrir.

Saidu terminait en effet le riz que sa femme lui avait cuisiné mais, voyant le pauvre malheureux, il l'invita à s'asseoir et à partager avec lui la dernière poignée de riz qui restait dans son assiette. Il ordonna ensuite à son épouse, Kadiatu, de lui offrir le verre de vin de palme qui lui restait. Cela procura beaucoup de plaisir et de satisfaction au pauvre hère, qui décida alors de le bénir tout spécialement en échange de son hospitalité : « Demain, à l'aube, dit-il à Saidu, monte sur la montagne devant toi, car je désire te donner quelque chose. »

« Je viendrai, n'en doute pas », répondit Saidu avec gratitude. Kadiatu, sa femme, écoutait, intriguée, derrière la porte. Dès que le pauvre hère partit, elle courut chez son amant, Baimba, et lui raconta les propos qu'ils s'étaient échangés, en l'invitant à se rendre sur la montagne bien avant Saidu, pour recevoir en premier ce que le pauvre hère avait promis à son mari.

Baimba, couvert de peaux de singe, gravit la montagne.

Arrivé au sommet, il vit une grande lumière d'où sortait une voix qui lui demanda :

— « C'est toi, Saidu ? »

— « Oui, c'est moi ! »

— « Ta voix ne ressemble pas à celle de Saidu. Ton corps, si. Approche-toi pour que je te bénisse. Tu as été le seul à m'accueillir avec bienveillance quand je suis descendu parmi

Chien (ici, un Chow Chow) et chat amis

vous, misérablement vêtu de peaux de singe. Prends donc ce sceptre et gouverne avec lui le monde ! »
Entre temps, Saidu s'était mis en route vers la cime de la montagne où le pauvre hère lui avait donné rendez-vous.
Une fois en sa présence, il lui déclara : « Me voici, mon ami ! Je suis Saidu, à qui tu as demandé hier de venir ici. »
— « Mais n'était-ce pas toi le Saidu à qui je viens juste de remettre le sceptre du pouvoir en gage de bénédiction et de récompense pour son hospitalité ? »
— « Non, Saidu, c'est moi qui te parle. »
— « Approche-toi, que je voie mieux ton visage et entende ta voix. »
Saidu s'approcha, le pauvre hère le reconnut et s'écria, furieux :
« Saidu, je suis le Seigneur du ciel et de la terre. Je suis descendu parmi vous, créatures, pour trouver un homme digne de gouverner la Terre en mon nom. Un homme indigne s'est emparé de ce droit contre ma volonté. Je veux maintenant savoir de qui il s'agit ! »
Ils retournèrent ensemble au village, où se tint la réunion générale des Birrwa. Seul Baimba manquait, que l'on fit chercher. Quand il arriva, Dieu lui dit : « Oui, je te reconnais. Tu es l'usurpateur de mon pouvoir sur Terre. Qui t'a envoyé vers moi hier matin pour recevoir le sceptre du pouvoir que j'avais promis à Saidu ? »
— « C'est Kadiatu, la femme de Saidu. Après avoir écouté votre discussion, elle m'a poussé à me rendre sur la montagne avant Saidu. »
— « Soyez maudits, toi et ta maîtresse Kadiatu, qui a voulu me tromper ainsi que son mari. Vous devez à présent payer pour votre faute : toi, Baimba, tu deviendras un chien, et Kadiatu se transformera en chat. Vous qui, auparavant, vous aimiez, vous vous haïrez et ne serez plus jamais capables de vous entendre car vous parlerez deux langues différentes : toi, le chien, tu aboieras, et toi, le chat, tu miauleras. Pour vous punir de votre avidité, vous ne mangerez plus désormais que les restes des repas des

hommes et vous devrez gagner cette nourriture : toi, Baimba, en gardant la cabane de Saidu, et toi, Kadiatu, en chassant les souris de son foyer. »
Et Saidu ?
Le brave homme fut béni par le sceptre du pouvoir, et tout le monde lui obéit.

En réalité, chiens et chats ne sont pas toujours ennemis : les photos de ces pages s'avèrent plutôt éloquentes en la matière ! Alors pourquoi l'expression « être comme chien et chat » s'est-elle enracinée si profondément dans toutes les cultures humaines ?
La réponse est d'une simplicité enfantine : parce que dans la nature, chien et chat sont rivaux. Et à double titre : tous deux prédateurs des mêmes catégories de petits animaux (rongeurs, oiseaux), le chien l'est par ailleurs aussi du chat.
Quand un chien et un chat font leur entrée dans une famille humaine, la concurrence alimentaire disparaît (l'homme les nourrit tous les deux) et l'instinct prédateur du chien est inhibé ; il reste néanmoins quelques obstacles non négligeables à surmonter, comme le langage très différent et, dans bien des cas, opposé.
Le chien remue la queue (également) pour manifester sa joie et ses bonnes intentions, tandis que seul un chat en colère remue sa queue. Le chien grogne pour menacer ; le chat ronronne (un son que le chien peut prendre pour un grognement) lorsqu'il est content et paisible. Le chien hérisse son poil quand il est surpris, effrayé et (généralement) soumis, et le chat, lorsqu'il est sur le point d'attaquer. Et ainsi de suite.

Ce Westie et ce chaton Ragdoll sont un autre exemple d'amitié entre races différentes

Malgré ce qui vient d'être dit jusqu'ici, chiens et chats entretiennent souvent des rapports parfaitement pacifiques et deviennent même, parfois, amis à la vie et à la mort.
Le chien Pucci, qui appartenait à mon ex-belle-mère, n'avait jamais reçu ni éducation ni dressage, mais cohabitait tranquillement avec une petite société féline au sein de laquelle il s'était fait un grand ami : un gros chat sans nom (à la campagne, on n'en attribuait généralement pas aux chats), avec qui il partageait sa corbeille et son écuelle.
Un jour funeste, le chat fut victime d'un terrible accident – peut-être de la route –, dont il sortit vivant, mais complètement aveugle : Pucci devint dès lors spontanément son chien-guide. La maison de ma belle-mère donnait sur une route peu fréquentée, mais néanmoins empruntée par quelques véhicules : cette voie une fois franchie, on se retrouvait en pleine campagne et à l'abri des dangers.
Pucci prit l'habitude d'accompagner son ami au bord de la route, de le maintenir immobile (en posant son museau sur son épaule) jusqu'à ce que la route soit libre et de traverser en marchant à ses côtés. Cette tâche une fois accomplie, Pucci rentrait à la maison et le chat s'ébattait dans les environs, en utilisant ses autres sens à la place de sa vue perdue : mais le chien surveillait en permanence la route et, dès qu'il voyait son ami réapparaître, se précipitait pour le guider de nouveau et traverser en sens inverse.

Ce Danois est un parfait « coussin » pour chat

Après quoi, les deux animaux mangeaient ensemble et se pelotonnaient sur la même couverture, en se mettant à ronfler de satisfaction et de béatitude.
Cette symbiose spontanée dura de nombreuses années. Puis, un soir, le chat ne revint pas, comme cela arrive souvent – malheureusement – à ceux qui vivent en liberté.
Pucci refusa de manger pendant des jours. Tous les soirs, il allait et venait le long de la route en attendant en vain son ami, puis rentrait et se laissait tomber sur la couverture en soupirant littéralement de tristesse.
Avec le temps, le chien surmonta cette perte et redevint ce qu'il était auparavant, mais il traversa indubitablement une vraie période de deuil, car ce qu'il éprouvait pour son chat était une véritable et profonde amitié.
Des cas d'amitié profonde se rencontrent encore plus souvent entre des chiens et des chevaux. Ces deux espèces ne sont pas rivales, même dans la nature, ce qui facilite dès le départ leur relation : le fait que l'homme les incite fréquemment à cohabiter permet l'instauration de rapports très étroits. Nombreux sont les chevaux qui vont jusqu'à refuser de sortir de leur box à moins d'être accompagnés par leur meilleur ami chien : le monde de l'équitation regorge d'anecdotes à ce propos.
Les chiens de berger et les bouviers établissent aussi parfois de bonnes relations avec des vaches ou des moutons, même si l'amitié semble alors un peu moins ancrée : le très gros écart d'intelligence empêche probablement l'approfondissement du rapport.
On peut néanmoins dire d'une manière générale que la cohabitation imposée par l'homme pousse le chien à considérer comme des membres de la meute des animaux d'espèces très différentes de la sienne et qui n'ont fait l'objet d'aucune sorte d'imprinting.
Dans certains cas, en revanche, un imprinting partiel a vraiment lieu. Cyrus, mon chat actuel, est né dans une famille qui possédait une chienne Berger allemand et une chatte. Les deux femelles mirent bas presque simultanément et, étant très amies, prirent presque immédiatement l'habitude de s'échanger leurs petits, au sens où chacune allaitait indifféremment des chiots et des chatons.
Résultat : mon chat croit être un chien. En termes plus éthologiques, il a subi une sorte d'imprinting partiel par cette espèce et, bien qu'il soit chat dans l'âme, son comportement s'avère totalement dénué de la méfiance féline naturelle à l'égard des chiens.
Si un chien inconnu entre chez moi, même de taille considérable et en manifestant une attitude rien moins qu'amicale envers lui, Cyrus non seulement ne se sauve pas, mais s'élance à sa rencontre, la queue haute et en ronronnant comme un compresseur, pour le saluer en

se frottant contre son museau (ou ses pattes, dans le cas d'un chien particulièrement gros). Le résultat est presque toujours le suivant : le chien qui, quelques instants auparavant, lui aboyait dessus ou bien tirait sur sa laisse en proie à une véritable fureur prédatrice, s'avère complètement dérouté. Il le flaire en général de fond en comble plusieurs fois, l'air interrogateur, en essayant de comprendre de quelle race il s'agit. Un chien, sûrement pas (il n'en a pas l'odeur), mais un chat non plus, car un chat n'agirait jamais ainsi !

En embrouillant complètement l'esprit de ses potentiels adversaires par son comportement, Cyrus n'a jamais été attaqué par un chien, même ceux que leurs maîtres qualifiaient « d'incorrigibles mange-chats ». Cette situation est possible car l'instinct prédateur, même chez les « mange-chats », a besoin d'un stimulus visuel pour se déclencher, et ce stimulus est représenté par la fuite.

Un chat qui ne se sauve pas n'apparaît plus comme une proie. Et un chat qui court à sa rencontre au lieu de se mettre à l'abri constitue un vrai mystère pour l'esprit du chien, qui ne sait alors pas bien sur quel pied danser : il hérisse presque toujours son poil, interdit et, comme je l'ai déjà dit, flaire à n'en plus pouvoir. Mais jusqu'à présent, je n'en ai jamais vu un se décider à mordre Cyrus. Avec Snowwhite, la chienne de la maison, Cyrus a noué une grande relation d'amitié, très différente du rapport qui lie Snowwhite et Olivia, la vénérable chatte de quinze ans révolus. Né en appartement et allaité par une chienne, Cyrus n'a jamais quitté les murs domestiques. C'est en revanche une Olivia née à la campagne et déjà (présumée) rescapée d'une rencontre rapprochée avec la cruauté humaine que je recueillis à guère plus d'un mois : quand je la trouvai, en effet, elle avait probablement reçu des coups de bâton sur la tête et s'avérait dans un état désespéré. Un bon vétérinaire et beaucoup d'amour la sauvèrent (y compris l'œil qu'elle semblait destinée à perdre), mais Olivia ne s'est jamais adaptée à une vie trop douillette. Elle a toujours exigé de sortir le matin et de rentrer le soir... à la seule différence qu'elle rentrait dans un élevage de Huskies, une race extrêmement prédatrice qui la contraignit d'affiner toutes

Chiens et chevaux sont historiquement amis

ses capacités de survie. Ainsi, après avoir risqué sa peau à plusieurs reprises, Olivia apprit à compter les chiens avant de réintégrer la maison. Arrivée à la grille, elle n'empruntait pas l'allée menant à la maison, mais grimpait sur le mur d'enceinte et faisait le tour par-derrière pour atteindre le point d'où elle pouvait voir les boxes des chiens. De cette position stratégique, elle vérifiait qu'ils étaient bien tous enfermés et qu'il n'en manquait aucun, car ceux qui ne se trouvaient pas dans leur enclos évoluaient en liberté dans le jardin et auraient constitué un danger pour elle.
Elle attendait alors patiemment sur le mur, jusqu'à l'heure de la pâtée pour les Huskies, quand je les enfermais chacun dans leur box avec leur écuelle : elle refaisait le compte (je vous jure qu'elle remuait même la tête de haut en bas, comme si elle pensait « un, deux, trois, quatre... ») et, une fois rassurée, sautait et venait miauler à la porte.
Maintenant que nous vivons tous en appartement, Olivia n'a pas oublié le potentiel risque canin. Sachant parfaitement que Snowwhite est une vraie crème, elle entretient avec cette dernière une relation un tantinet plus détendue et se hasarde même à passer à quelques centimètres de son museau (en la maintenant toujours sous une étroite surveillance) ; mais face à n'importe quel autre chien pénétrant dans la maison, son premier réflexe consiste encore à grimper sur le mur. La seule différence réside dans le fait qu'elle saute à présent sur l'armoire et, une fois perchée, elle ne bouge plus tant que la menace n'a pas quitté notre foyer.
Il ressort à l'évidence de ces anecdotes que les relations chien-chat dépendent de la façon dont les protagonistes les ont vécues dans leur enfance : on ne peut peut-être pas parler de véritable imprinting entre ces deux espèces, mais il est indubitable qu'une fréquentation réciproque dans leur plus jeune âge a le pouvoir de détendre les rapports.
C'est la raison pour laquelle quiconque entend avoir simultanément des chiens et des chats devrait de préférence les prendre ensemble tout jeunes. Il n'est cependant pas du tout impossible de faire cohabiter pacifiquement un chien adulte et un chaton ou vice-versa, un chat adulte avec un chiot : il faut alors simplement que l'homme surveille les manœuvres d'approche et intervienne (en grondant le fautif) si l'un des deux s'égare et manifeste des intentions agressives envers l'autre.
Le chien adulte ne juge pas sa position menacée si le maître le réprimande quand il se montre agressif : le chat, en effet, n'est pas considéré comme un rival hiérarchique. Cela facilite considérablement l'intervention humaine, car le maître n'a pas à se soucier de maintenir l'ordre de la meute : le chien doit juste se convaincre que le chat, en tant que proie, est tabou. Le reste ira de soi et évoluera vers une amitié profonde ou un simple rapport de non-belligérance. Il s'avère très difficile d'influer en la matière, car ce sont toujours eux qui prennent la décision finale !
La jalousie constitue un autre problème à ne pas négliger, car il s'agit en l'occurrence d'une véritable jalousie, au sens humain du terme : trop de caresses à l'un au détriment de l'autre risquent de provoquer une concurrence, de sorte qu'il vaut toujours mieux répartir équitablement les attentions.
La méthode du tabou (qui consiste à inhiber promptement le moindre élan prédateur) permet d'inciter le chien à cohabiter pacifiquement avec n'importe quel autre animal : depuis les oiseaux jusqu'aux hamsters, en passant par le furet, devenu dernièrement très à la mode comme animal de compagnie.
Des chiens, des chats et des furets jouant ensemble offrent un spectacle qui n'a rien d'extraordinaire, car le contrôle de l'homme pousse chacune des trois espèces à trouver dans la pacification la meilleure réponse au stress engendré par le partage forcé du territoire.
Attention : un chien qui mange, dort et joue avec le chat de la maison ne doit pas faire systématiquement penser qu'il est l'ami de tous les chats. Celui de la maison est en effet considéré dès le départ comme tabou pour obéir au maître et deviendra éventuellement, avec le temps, un vrai compagnon de vie : mais les chats étrangers sont et restent des proies.
Si le maître n'intervient pas en enseignant au chiot que tous les chats sont tabous, il aura toujours tendance à poursuivre et à tuer ceux qui ont un comportement de proie (en se sauvant), et adoptera par ailleurs une attitude plus circonspecte (mais néanmoins agressive) à l'égard de ceux qui ne s'enfuiront pas et se montreront prêts à se battre.
Le chien (surtout s'il a déjà testé auparavant le pouvoir des griffes de chat) fera alors peut-être marche arrière, mais par manque d'assurance, certainement pas parce qu'il aime le chat en question.

Les rapports chiens-enfants

Les enfants aiment instinctivement les chiens : ils veulent un chiot pour eux tout seuls, éprouvent fortement le besoin primitif de partager leur existence avec le compagnon historique de l'homme.
Quand un enfant a peur des chiens ou se montre agressif envers eux, c'est presque toujours à cause d'une erreur d'éducation commise par les parents ou d'une précédente expérience traumatisante.
Mais les chiens aiment-ils vraiment les enfants ? La réponse ne relève pas tellement de l'évidence et n'est généralement pas toute rose.
Il est certain que le chien de la maison adore presque toujours les enfants de la famille : il joue avec eux, les supporte, les défend en cas de danger, les surveille.
Il en va par contre autrement pour un chien étranger : l'enfant ne constitue pas un membre de sa meute, et aucun rapport d'affection ou d'amitié ne s'est créé entre eux.
Tout dépend par conséquent de la manière dont le chien envisage l'enfant.

Précisons que le chien assimilera l'enfant à un être humain s'il s'agit d'un enfant de neuf-dix ans ou plus.
Avant cet âge, le chien considère l'enfant comme une espèce différente de la nôtre, à moins d'avoir fait l'objet d'un imprinting et/ou d'une socialisation à l'égard des enfants également. Pour un chiot, l'enfant représente toujours et exclusivement un autre chiot, et donc un frère-camarade de jeux.
Un chien adulte pourra en revanche considérer l'enfant :
1. comme l'un de ses chiots, dans le cas d'un mâle (les mâles croient en effet que tous

Les enfants aiment instinctivement les chiens

les chiots sont leurs petits) et si l'imprinting et/ou la socialisation a inclus les enfants ;
2. comme le chiot d'une autre femelle, dans le cas d'une chienne ayant bénéficié d'un imprinting et/ou d'une socialisation à l'égard des enfants : la réaction dépend alors largement des rapports chienne-maîtresse. Si la maîtresse est assimilée à une femelle alpha (ou du moins à une supérieure hiérarchique), la chienne ne se sent pas le droit de prendre position contre les chiots d'autrui, qui seront quoi qu'il en soit respectés car ils pourraient appartenir à la maîtresse, justement ; si cette dernière est assimilée à une inférieure hiérarchique, la chienne risquera de se montrer agressive envers les chiots étrangers ;
3. comme un objet mystérieux par les chiens et chiennes qui ne connaissent pas les enfants et qui n'ont pas reçu le moindre imprinting et/ou socialisation à leur égard. L'enfant sera alors jugé en fonction de son comportement. S'il crie, agace, tire la queue ou accomplit d'autres gestes désagréables, il sera identifié comme un étrange animal à éviter ou à attaquer (au cas où la fuite s'avérerait impossible) ; s'il se sauve en courant, il sera éventuellement pris pour une proie à poursuivre, attraper et, pourquoi pas, à mordre.

SOCIALISATION, IMPRINTING ET ÉDUCATION

Ce qui précède prouve l'importance :
– d'une bonne socialisation de n'importe quel chien, prévoyant des rapports avec les enfants ; la règle veut que l'imprinting soit, si possible, accompli aussi (et jamais uniquement) par des enfants ;
– d'une bonne éducation des enfants, qui doivent apprendre à se comporter correctement avec les chiens.

Rappelons qu'en matière de socialisation, il ne suffit pas que le chien vive avec un ou plusieurs enfants : ces derniers constituent des membres de la meute et représentent, pour lui, un cas à part. Cela se passe un peu comme avec les chats : ceux de la maison sont considérés comme des « objets tabous » et peuvent parfois devenir de grands amis, mais les chats étrangers seront poursuivis car ils sont et restent des proies (surtout s'ils se conduisent comme telles).
Même le chien qui vit dans une famille comprenant des enfants devra par conséquent

Un enfant qui se sauve en criant risque de stimuler l'instinct prédateur du chien

Un chien et un enfant éduqués à se respecter mutuellement formeront toujours un excellent duo

apprendre à respecter les enfants étrangers, qui deviendront tabous grâce à l'intervention du maître au premier signe d'agressivité.
Si l'on y ajoute un imprinting et une socialisation incluant des rapports avec les enfants, on obtient immanquablement un chien sûr à cent pour cent avec les petits d'homme.
À l'inverse, un chien qui n'a jamais vu d'enfants, qui n'a jamais joué avec eux et/ou qui n'a jamais été grondé, étant chiot, lorsqu'il manifestait de l'agressivité à leur égard est un sujet potentiellement dangereux.
Beaucoup de maîtres ne se rendent malheureusement pas compte de l'importance de ces épisodes et ignorent le problème. Les attaques contre les enfants demeurent malgré tout des événements rarissimes (même si, quand ils se produisent, les médias s'enfoncent dans la brèche avec des gros titres retentissants qui ont généralement tendance à diaboliser une race). Cela signifie simplement que le chien, quels que soient sa race et son sexe, supplée presque toujours par son intelligence (alliée à une bonté d'âme innée) aux négligences de son propriétaire.

LES JEUX CHIEN-ENFANT

Quand des chiens et des enfants jouent ensemble, il vaut toujours mieux qu'un adulte soit présent non seulement pour protéger l'enfant, mais également pour protéger le chien, surtout dans le cas d'un jeune sujet. Cette précaution s'avère quasiment indispensable avec des enfants de moins de cinq ans, susceptibles de le blesser (même sérieusement) sans en avoir la moindre intention.
Voir des chiens et des enfants jouer en harmonie parfaite constitue un plaisir pour les yeux : mais derrière cette image idyllique se cachent certains risques.
Risque numéro un : si l'enfant joue essentiellement avec ses mains, le chiot joue quant à lui avec sa gueule. Et parce qu'il s'agit justement d'un chiot, il ne sait pas encore doser sa force. Il en résulte que l'enfant peut éprouver de la douleur si le chien serre trop fort (même sans le vouloir). Tandis qu'un adulte réagirait par un sec « Non, arrête ! » incitant le chien à lâcher prise et lui faisant comprendre qu'il a exagéré, le petit enfant a généralement une réaction très différente : il se met à pleurer et tente de dégager sa main ou son bras en tirant.
Le chiot pense alors simplement : quel bonheur, on va

maintenant jouer au tirer-lâcher ! Il resserrera donc sa prise, en infligeant une douleur supplémentaire à l'enfant (et en le faisant éventuellement saigner) qui réussira peut-être à se libérer d'un geste brusque, mais qui se sauvera tout de suite après en courant et en criant (ce qui, comme nous l'avons vu, poussera vraisemblablement le chiot à le poursuivre, en réponse à un irrépressible élan prédateur). Ou bien l'enfant se vengera sur le chien, en le frappant de toutes ses forces, un acte dont l'animal ne saisira pas la raison, car il était persuadé de jouer !
En conclusion, le chiot pensera que les enfants sont des êtres illogiques et dangereux, et cette conviction pourra amener l'animal, une fois adulte, à se méfier et/ou réagir agressivement dès lors que l'un d'entre eux effectuera des gestes trop brusques et

Invitation au jeu... avec attaque à l'oreille ! Les chiots jouent avec leur gueule, et ne savent pas encore doser leur force, c'est pourquoi un petit pincement est inévitable

Un chiot de grande taille peut terroriser un enfant simplement en lui faisant fête

difficiles à interpréter (ce qui est presque toujours le cas avec des enfants !).
Voilà comment une jolie scène familiale peut se transformer en petit drame en l'espace de quelques secondes. S'agissant de chiots, personne, bien entendu, ne se fait sérieusement du mal, mais on risque de créer ainsi un enfant cynophobe et/ou un chien craignant les enfants. La surveillance d'un adulte et son intervention rapide en cas de besoin éliminent cette éventualité.
Le risque numéro deux apparaît lorsque l'enfant joue avec plusieurs chiens.
Mon fils, qui a grandi dans un élevage, a souvent fait des expériences de ce genre : en jouant et en courant avec les chiots, le petit enfant tombe tôt ou tard. Il s'agit d'un phénomène pratiquement physiologique. Quand cela arrivait à mon fils, parfaitement intégré dans sa meute de Huskies, les chiots s'enthousiasmaient à l'idée que leur camarade de jeu était descendu à leur niveau et qu'il serait ainsi plus facile de jouer ensemble. Ils le recouvraient alors littéralement en sautant de joie.
À ce moment, mon fils protestait généralement (car les chiots trop enthousiastes mordillent et griffent, emportés par l'euphorie du jeu) : l'un des chiens adultes se précipitait alors à son secours, l'attrapait par le chandail et le remettait debout. C'était devenu une telle habitude que quand je lâchais mon fils au milieu des chiens, je lui faisais presque toujours porter une salopette en jean, afin de fournir aux chiens une prise appropriée et pour éviter d'avoir à jeter chaque jour un chandail déchiré.
Et oui : car les chiens n'ont pas de mains, je le répète encore une fois, et ne peuvent se servir que de leurs dents pour secourir l'enfant tombé par terre.
Avec mon enfant cynophile (et même presque plus chien que cynophile, car je crois qu'il était persuadé d'être un chiot), il n'y a bien entendu jamais eu d'équivoque : il se laissait remettre debout et recommençait à jouer avec joie et bonheur.
Mais imaginons un enfant normal, éventuellement confronté pour la première fois à une situation de ce genre : l'assaut joyeux des chiots (même d'un seul, s'il est de très grande taille) pourrait suffire à le terroriser (essayez pour voir : allongez-vous par terre au milieu d'une meute

de chiots de trois mois, et vous comprendrez de quoi je veux parler), en le poussant à crier et à se débattre au lieu de se contenter de grommeler « Zut alors, vous me faites mal ! », comme mon fils.
Malheureusement, comme nous l'avons déjà dit, une petite chose qui crie et qui se débat stimule l'instinct prédateur des chiens : les chiots pourraient donc se mettre à mordre pour de vrai. Personne ne finira pour autant à l'hôpital, soyons clairs : les chiots ne sont jamais que des chiots, et leurs dents de simples aiguilles. L'expérience s'avère néanmoins douloureuse et risque d'engendrer une cynophobie chez l'enfant.
Les choses se compliquent encore plus si des chiens adultes se trouvent dans les parages. L'esprit de meute les incitera en effet sûrement à prêter main forte aux chiots pour capturer et tuer la proie. L'affaire risque alors vraiment de tourner au drame : l'enfant s'en sortira éventuellement avec des blessures sérieuses et le lendemain, les journaux parleront de chiens fous, même si les animaux en question se seront comportés de manière parfaitement légitime et naturelle. Les fous sont les parents qui n'ont pas assuré la moindre surveillance. Risque numéro trois : l'enfant imite le comportement de ses parents. Par conséquent, s'il voit son papa frapper le chien, il ne manquera pas d'agir de même à la première occasion.
Le problème est que le chien accepte la suprématie hiérarchique du chef de meute, mais ne tolérera jamais une attitude dominante-punitive de la part d'un chiot : la plupart du temps, heureusement, il se contentera de s'en aller d'un air dégoûté, mais une réaction n'est pas exclue, surtout s'il n'a aucun moyen de s'enfuir. Dans ce cas aussi, le chien se comporte de façon parfaitement logique et licite du point de vue du savoir-faire canin, mais les conséquences risquent d'être très désagréables. Lorsqu'il y a de jeunes enfants à la maison et qu'il s'avère vraiment nécessaire de punir physiquement le chien (à titre exceptionnel, car il ne saurait être question d'être systématique si vous êtes un bon maître), il ne faut jamais le faire devant les enfants eux-mêmes.
Risque numéro quatre : tout comme le chiot se sert parfois de sa gueule sans trop de discernement et sans se rendre compte de sa force, l'enfant a quelquefois tendance à traiter le chiot sans trop de ménagements. Et il peut lui faire mal.
Il y a quelques mois, j'ai tourné un documentaire sur les West Highland White Terriers et, pour une scène prévoyant la présence d'enfants, je choisis une jeune actrice dotée d'un magnifique petit visage, mais pas trop désinvolte ni

L'amour fait parfois oublier les normes d'hygiène : cela n'est pas un problème, car les maladies du chien transmissibles à l'homme sont peu nombreuses

Un chien et un enfant qui s'entendent parfaitement formeront toujours une petite « association de malfaiteurs » : mais les bienfaits qui en résultent pour chacun sur le plan du caractère sont si évidents que... cela vaut la peine de les supporter

devant la caméra, ni devant son partenaire à quatre pattes. Après des heures d'approches très embarrassées, où la petite fille se limitait à effleurer le chien avec une crainte révérencielle sans que l'on ait vraiment l'impression d'assister à un jeu entre les deux, l'opérateur eut la brillante idée (à son avis) de lui souffler l'attitude à adopter : « Allez, joue avec lui !, dit-il. Fais comme s'il s'agissait de l'une de tes peluches ! »

Voulant se montrer à la hauteur, la petite fille acquiesça d'un air éclairé, puis saisit un os en peau de buffle qui se trouvait à proximité et le tendit au chien en lui ordonnant : « Tiens, mange ! »... Mais comme le chien ne paraissait pas apprécier l'offre, elle lui frappa violemment la tête avec l'os en répétant : « Allez, mange ! Je t'ai dit de le manger ! »

Le West Highland en question était, heureusement, un saint : il ne réagit pas et se contenta de regarder d'un air suppliant son éleveuse, avec des yeux qui semblaient vouloir dire : « Est-ce que je dois vraiment supporter tout cela pour votre stupide film ? » Un autre chien aurait été tenté de se défendre, sans que l'on puisse pour autant l'accuser de férocité.

D'un autre côté, une enfant de quatre ans ne saurait non plus être accusée de quoi que ce soit si elle ne se rend pas compte qu'un coup sur la tête d'un vrai chien a des effets très différents du même coup porté à une peluche : ce sont ses parents qui doivent le lui faire comprendre.

Les parents/maîtres, et ceux qui ont à la fois des enfants et des chiens, assument une double responsabilité et doivent donc surveiller constamment tous les petits de la famille, surtout au début de leur relation.

Rappelons qu'un enfant ne sait pas grand-chose en matière d'éthologie. S'il arrive brusquement derrière un chien en accomplissant des gestes comme celui de la photo (l'assaillant est mon fils, photographié quand il était petit), il sera sûrement animé d'excellentes intentions : mais un chien inconnu pourrait mal réagir à une attitude qui, de son point de vue, s'avère à la fois dominante (l'enfant se jette sur le chien) et menaçante (l'enfant immobilise le museau du chien).

La surveillance peut se relâcher seulement si les chiens connaissent bien l'enfant et si on a dûment appris à ce dernier comment se compor-

ter correctement avec les chiens (une éducation clairement fondée, pour commencer, sur le mot respect). Mais elle ne devra pas disparaître entièrement, car même si l'on croit tout savoir sur les chiens et les enfants, ceux-ci sont toujours capables de *blitz* qui n'ont rien d'insensé ou d'illogique : il s'agit pour eux d'actions absolument normales... simplement nous n'avons pas été en mesure de les prévoir et de les prévenir.
Ce qui nous amène par ailleurs tout droit au dernier risque lié à l'absence de surveillance et qui consiste à laisser l'enfant et le chien libres... de démolir ensemble la maison, en formant une parfaite « association de malfaiteurs » !

LA PEUR DES CHIENS : PRÉVENTION ET REMÈDES

Nous avons vu pourquoi les enfants qui se sauvent, en proie à la panique, devant un chien sont ceux qui ont le plus de chances d'être mordus, mais il ne s'agit pas du seul problème lié à la cynophobie.
L'enfant qui a peur des chiens n'a pas un bon rapport avec la nature et cela perturbe son caractère : on a démontré que les enfants qui aiment les animaux sont également ceux qui entretiennent une meilleure relation avec leurs contemporains (et avec les adultes).
Comme nous l'avons dit, un enfant est toujours instinctivement un cynophile : le cas contraire résulte soit d'un traumatisme, soit d'une attitude instaurée par les parents.
Voici donc quelques conseils utiles pour prévenir le problème, ou pour y remédier s'il se pose déjà.

La prévention pour les parents qui ont peur des chiens

• Essayer avant tout de se convaincre, puis de convaincre l'enfant, que la peur peut avoir une origine personnelle (comme une mauvaise expérience précédente), mais sûrement pas générale : 99 % des chiens s'avèrent absolument inoffensifs.

De bonnes intentions... et un mauvais résultat : le chien veut jouer, mais l'enfant a peur

• Lire des textes expliquant la psychologie et le langage canins.

• S'abstenir de crier et de faire des mouvements brusques si l'enfant se dirige spontanément vers un chien inconnu : ces attitudes effraient aussi bien l'enfant que l'animal et incitent parfois ce dernier à croire que l'enfant représente une menace pour lui.

• Ne jamais dire à l'enfant des phrases comme « Ne le touche pas, il va te mordre ! », ou « Ne le touche pas, il est plein de puces ! » Ces avertissements non seulement poussent l'enfant à craindre les chiens, mais ne correspondent pas du tout à des dangers réels : les puces, s'il y en a, préfèrent demeurer sur le chien et passent rarement sur l'homme, dont le sang leur semble moins appétissant ; quant au risque de morsure, il est beaucoup plus présent... et augmente quoi qu'il en soit si l'enfant se sauve.

• Enseigner la cynophilie à l'enfant, en lui apprenant à ne pas courir et à ne jamais crier face à un chien ; lui expliquer qu'il ne doit pas faire de gestes trop brusques, pour éviter de stimuler l'autodéfense et l'instinct prédateur. Avec des mots appropriés et à la portée de l'enfant, faire comprendre à ce dernier les raisons de telles interdictions.

La prévention pour les parents qui n'ont pas peur des chiens

• Ne pas raconter au petit enfant des histoires dont l'un des personnages serait un méchant loup, ou bien expliquer (avec des mots simples et adaptés à l'âge de l'auditeur) que le méchant loup est une invention littéraire et que les vrais loups ne mangent personne.

• Enseigner à l'enfant à ne pas se jeter sur un chien inconnu, mais à s'approcher lentement, en l'appelant et en lui tendant une main à flairer. Un chien abordé de manière correcte ne mordra jamais sans prévenir.

• Expliquer à l'enfant quels sont les signes d'agressivité (poil hérissé, oreilles couchées, grognement). Lui faire comprendre que le chien utilise ce langage pour exprimer sa volonté de ne pas être touché, et qu'il convient de respecter son désir d'avoir la paix.

• Apprendre à l'enfant à ne pas courir et à ne jamais crier face à un chien, et à accomplir de gestes trop brusques.

Le reconditionnement de l'enfant qui a déjà peur des chiens

• Quand on connaît les raisons d'un choc subi précédemment, essayer de les aborder et de les rendre compréhensibles à l'enfant. S'il se persuade (tout seul ou parce qu'il a entendu des adultes le dire) qu'un chien a grogné après lui car les animaux sont par principe dangereux ou fous, ses craintes seront pleinement justifiées ; s'il réalise en revanche que le chien a grogné après lui à cause d'une erreur de sa part (parce qu'il a touché la gamelle de l'animal alors que celui-ci mangeait, par exemple), l'enfant tirera profit de son expérience et comprendra que le chien n'est absolument pas dangereux, mais qu'il faut le respecter et qu'il existe des règles de conduite qui le mettent à l'abri de tout danger potentiel.

• Ne jamais obliger l'enfant à s'approcher d'un chien, mais se contenter de donner l'exemple en caressant des chiens et en jouant avec eux, sans forcer le petit.

• Montrer à l'enfant des films, des documentaires et des cassettes vidéo où les chiens jouent un rôle positif.

• Faire jouer l'enfant avec des chiens en peluche.

• Pour les premiers contacts avec un vrai chien, ne jamais choisir un chiot ou un jeune sujet, qui ne savent pas contenir leurs effusions : en jouant, un chiot peut mordiller des chaussures ou des pantalons ; un jeune chien (surtout de grande taille) peut renverser l'enfant par terre pour lui faire fête.
Au lieu de se sentir rassuré, l'enfant éprouvera alors encore plus de crainte, car il ne saisira pas forcément les intentions amicales de l'animal, ce qui ne résoudra pas le problème et ne fera que l'aggraver. Il vaut beaucoup mieux choisir un chien adulte (ou âgé) paisible et aimant les enfants, qui se laissera caresser et tenir en laisse comme... une peluche vivante.

Table des matières

Achevé d'imprimer en janvier 2009
en France
sur les presses de Pollina - L48856

Dépôt légal : février 2009
Numéro d'éditeur : 10404